Paul et Virginie. Par Jacques-Bernardin-Henri de Saint-Pierre.

Bernardin de Saint Pierre

ECCO
PRINT EDITIONS

Eighteenth Century
Collections Online
Print Editions

Gale ECCO Print Editions

Relive history with *Eighteenth Century Collections Online*, now available in print for the independent historian and collector. This series includes the most significant English-language and foreign-language works printed in Great Britain during the eighteenth century, and is organized in seven different subject areas including literature and language; medicine, science, and technology; and religion and philosophy. The collection also includes thousands of important works from the Americas.

The eighteenth century has been called "The Age of Enlightenment." It was a period of rapid advance in print culture and publishing, in world exploration, and in the rapid growth of science and technology – all of which had a profound impact on the political and cultural landscape. At the end of the century the American Revolution, French Revolution and Industrial Revolution, perhaps three of the most significant events in modern history, set in motion developments that eventually dominated world political, economic, and social life.

In a groundbreaking effort, Gale initiated a revolution of its own: digitization of epic proportions to preserve these invaluable works in the largest online archive of its kind. Contributions from major world libraries constitute over 175,000 original printed works. Scanned images of the actual pages, rather than transcriptions, recreate the works *as they first appeared.*

Now for the first time, these high-quality digital scans of original works are available via print-on-demand, making them readily accessible to libraries, students, independent scholars, and readers of all ages.

For our initial release we have created seven robust collections to form one the world's most comprehensive catalogs of 18th century works.

Initial Gale ECCO Print Editions collections include:

History and Geography
Rich in titles on English life and social history, this collection spans the world as it was known to eighteenth-century historians and explorers. Titles include a wealth of travel accounts and diaries, histories of nations from throughout the world, and maps and charts of a world that was still being discovered. Students of the War of American Independence will find fascinating accounts from the British side of conflict.

Social Science
Delve into what it was like to live during the eighteenth century by reading the first-hand accounts of everyday people, including city dwellers and farmers, businessmen and bankers, artisans and merchants, artists and their patrons, politicians and their constituents. Original texts make the American, French, and Industrial revolutions vividly contemporary.

Medicine, Science and Technology
Medical theory and practice of the 1700s developed rapidly, as is evidenced by the extensive collection, which includes descriptions of diseases, their conditions, and treatments. Books on science and technology, agriculture, military technology, natural philosophy, even cookbooks, are all contained here.

Literature and Language
Western literary study flows out of eighteenth-century works by Alexander Pope, Daniel Defoe, Henry Fielding, Frances Burney, Denis Diderot, Johann Gottfried Herder, Johann Wolfgang von Goethe, and others. Experience the birth of the modern novel, or compare the development of language using dictionaries and grammar discourses.

Religion and Philosophy
The Age of Enlightenment profoundly enriched religious and philosophical understanding and continues to influence present-day thinking. Works collected here include masterpieces by David Hume, Immanuel Kant, and Jean-Jacques Rousseau, as well as religious sermons and moral debates on the issues of the day, such as the slave trade. The Age of Reason saw conflict between Protestantism and Catholicism transformed into one between faith and logic -- a debate that continues in the twenty-first century.

Law and Reference
This collection reveals the history of English common law and Empire law in a vastly changing world of British expansion. Dominating the legal field is the *Commentaries of the Law of England* by Sir William Blackstone, which first appeared in 1765. Reference works such as almanacs and catalogues continue to educate us by revealing the day-to-day workings of society.

Fine Arts
The eighteenth-century fascination with Greek and Roman antiquity followed the systematic excavation of the ruins at Pompeii and Herculaneum in southern Italy; and after 1750 a neoclassical style dominated all artistic fields. The titles here trace developments in mostly English-language works on painting, sculpture, architecture, music, theater, and other disciplines. Instructional works on musical instruments, catalogs of art objects, comic operas, and more are also included.

The BiblioLife Network

This project was made possible in part by the BiblioLife Network (BLN), a project aimed at addressing some of the huge challenges facing book preservationists around the world. The BLN includes libraries, library networks, archives, subject matter experts, online communities and library service providers. We believe every book ever published should be available as a high-quality print reproduction; printed on-demand anywhere in the world. This insures the ongoing accessibility of the content and helps generate sustainable revenue for the libraries and organizations that work to preserve these important materials.

The following book is in the "public domain" and represents an authentic reproduction of the text as printed by the original publisher. While we have attempted to accurately maintain the integrity of the original work, there are sometimes problems with the original work or the micro-film from which the books were digitized. This can result in minor errors in reproduction. Possible imperfections include missing and blurred pages, poor pictures, markings and other reproduction issues beyond our control. Because this work is culturally important, we have made it available as part of our commitment to protecting, preserving, and promoting the world's literature.

GUIDE TO FOLD-OUTS MAPS and OVERSIZED IMAGES

The book you are reading was digitized from microfilm captured over the past thirty to forty years. Years after the creation of the original microfilm, the book was converted to digital files and made available in an online database.

In an online database, page images do not need to conform to the size restrictions found in a printed book. When converting these images back into a printed bound book, the page sizes are standardized in ways that maintain the detail of the original. For large images, such as fold-out maps, the original page image is split into two or more pages

Guidelines used to determine how to split the page image follows:

• Some images are split vertically; large images require vertical and horizontal splits.
• For horizontal splits, the content is split left to right.
• For vertical splits, the content is split from top to bottom.
• For both vertical and horizontal splits, the image is processed from top left to bottom right.

Books printed for VERNOR & HOOD, and T. BOOSEY.

1 VOYAGE du JEUNE ANACHARSIS en Grèce, dans le milieu du Quatrième Siecle avant l'ere chrétienne Abrégé de l'Ouvrage original de l'Abbe Barthélemy, à l'usage de la Jeunesse. Avec la Vie de l'Auteur, par M. le Duc de Nivernois 7s.

2 Les AVENTURES de TELEMAQUE, Fils d'Ulysse, par M Fénelon Nouvelle edition, avec la signification des mots les plus difficiles en Anglois, au bas de chaque page A laquelle on a ajoute un Petit Dictionnaire Mythologique & Geographique pour faciliter l'intelligence de cet ouvrage Le tout soigneusement revu & corrige d'apres les meilleures éditions de Paris, par N Wanostrocht, Docteur en Droit 4s bound

3 ETUDES DE LA NATURE, abrege des Œuvres de *Bernardin St Pierre*, with an elegant Frontispiece Bound 4s.

4 PAUL and VIRGINIA, translated from the French of *St. Pierre*, by *Miss Williams*, in which are introduced *Eight Sonnets*, by the Translator A new edition, fine paper, foolscap 8vo. With six beautiful Plates. 5s boards

5 TRAVELS of ANACHARSIS THE YOUNGER IN GREECE, during the middle of the Fourth Century, before the Christian Æra Translated and abridged from the French of the Abbé Barthélemy To which is now added, the Life of the Author, by the *Duc de Nivernois* ―Ornamented with a correct Map of Greece, coloured, and elegant Plates engraved by Richter The second edition, corrected Boards 7s 6d

6. LIVRE DE FAMILLE, ou Journal des Enfans Par *M. Berquin*. Bound 3s

7 The FAMILY BOOK; or Children's Journal containing Moral and Amusing Tales, with instructive Dialogues, upon Subjects which generally occur in familiar Society. Translated from the French of *Berquin* Bound 3s 6d

8. MARMONTEL's MORAL TALES, abridged for *Youth*, and the *Use of Schools and Academies*, by *Mrs. Pilkington* With an elegant Frontispiece; and Head and Tail Pieces cut in wood. Price 3s. 6d. bound.

9. MIRROR for YOUNG LADIES, or *Historical Beauties*, applied to Character, Conduct and Behaviour; by *Mrs. Pilkington*, with 24 wooden Cuts. 3s. 6d bound

10. BIOGRAPHY for BOYS; or Moral and Instructive Examples, drawn from the Lives of Children. By *Mrs. Pilkington*. With five elegant Heads. 2s bound, vellum back.

11. BIOGRAPHY for GIRLS; or Moral and Instructive Examples for Young Ladies By *Mrs. Pilkington*. With five elegant Heads. 2s vellum back

12. TALES of the HERMITAGE, for Improving the Mind and Morals of Youth. By *Mrs Pilkington*. 2s bound.

13. TALES of the COTTAGE; or, Stories Moral and Amusing for Young Persons. By *Mrs. Pilkington* 2s. half bound, Vellum back.

14. HENRY, or, the FOUNDLING; and the Prejudiced Parent, or Virtuous Daughter. By *Mrs. Pilkington*. Frontispiece 1s 6d bound

15 VISIONS IN VERSE, for the Entertainment and Instruction of Younger Minds. By *Dr. Cotton*. With 6 beautiful Plates Bound, vellum back, 2s.

16 The BEAUTIES of ST PIERRE, abridged from the Studies of Nature By *Edward Augustus Kendal*. With an elegant Frontispiece 3s 6d bound

17 BEAUTIES of HISTORY, or Pictures of Virtue and Vice, drawn from the Examples of Men eminent for their Virtues, or infamous for their Vices. By the late *W. Dodd, L L.D.* greatly enlarged by *Stephen Jones* Bound 3s. 6d

18 BEAUTIES of STURM, in Lessons on the Works of God, and of his Providence; rendered familiar to the Capacities of Youth By *Miss Andrews* Elegant Frontispiece Bd 3s 6d.

19 SOLITUDE, or the effect of occasional Retirement on the Mind, the Heart, General Society, in Exile, in Old Age, and on the Bed of Death Translated from the German of *Dr Zimmerman* A new edition, printed on fine vellum Paper, and embellished with 7 beautiful Copper-plates, from Designs of the late *Mr. Kirk*, besides elegant Tail-pieces by *Anderson*. Duodecimo, 6s. 6d. boards; and medium 8vo 8s 6d. boards.

FRONTISPIECE

Page 13

Lingee pinxt

Publish'd by Vernor & Hood, July 6th 1796

PAUL

ET

VIRGINIE.

PAR

Jacques-Bernardin-Henri de Saint-Pierre.

. .Miseris succurrere disco. ÆNEID, lib. 1.

À LONDRES:

DE L'IMPRIMERIE DE BAYLIS,

Et se trouve chez VERNOR & HOOD, N°. 31, Poultry;

& BOOSEY, Broad-Street, pres de la Bourse-Royale.

1799.

AVANT-PROPOS.

JE me suis proposé de grands desseins dans ce petit ouvrage. J'ai tâché d'y peindre un sol et des végétaux différens de ceux de l'Europe. Nos poètes ont assez reposé leurs amans sur le bord des ruisseaux, dans les prairies et sous le feuillage des hêtres. J'en ai voulu asseoir sur le rivage de la mer, au pied des rochers, à l'ombre des cocotiers, des bananiers et des citronniers en fleurs. Il ne manque à l'autre partie du monde que des Théocrites et des Virgiles, pour que nous en ayons des tableaux au moins aussi intéressans que ceux de notre pays. Je sais que des voyageurs pleins de goût nous ont donné des descriptions enchantées de plusieurs îles de la Mer du Sud, mais les mœurs de leurs habitans, et encore plus celles des Européens qui y abordent, en gâtent souvent le paysage. J'ai désiré réunir à la beauté de la nature entre les tropiques, la beauté morale d'une petite société. Je me suis proposé aussi d'y mettre en évidence plusieurs grandes vérités, entr'autres celle-ci : que notre bonheur consiste à vivre suivant la nature et la vertu. Cependant, il ne m'a point fallu imaginer de roman pour peindre des familles heureuses. Je puis assurer que celles dont je vais parler ont vraiment existé, et que leur histoire est vraie dans

leurs

leurs principaux événemens. Ils m'ont été certifiés par plusieurs habitans que j'ai connus à l'île de France *
Je n'y ai ajouté que quelques circonstances indiffé-
rentes, mais qui, m'étant personnelles, ont encoie en
cela

---

* Plusieurs personnes m'ont questionné sur la vérité de ce récit " Ce vieillard," m'ont-elles dit, " vous a-t-il en effet " raconte cette histoire?"—" Avez-vous vu les lieux que " vous avez décrits?"—" Virginie a-t-elle péri d'un maniere " aussi déplorable?"—" Comment une fille peut-elle se ré- " soudre a quitter la vie plutôt que ses habits?"

Je leur ai répondu " L'homme ressemble a un enfant. " Donnez une rose a un enfant, d'abord il en jouit, bientôt il " veut la connoître Il en examine les feuilles, puis il les " détache l'une apres l'autre et quand il en connoît l'ensem- " ble, il n'a plus de rose Télémaque, Clarisse, et tant d'autres " sujets qui nous portent a la vertu, ou qui nous font verser " des larmes, sont-ils vrais?"

Au fond, je suis persuade que ces personnes m'ont fait ces questions plutot par un sentiment d'humanité que de curiosité. Elles etoient fâchées que deux amans, si tendres et si heureux, eussent fait une fin si funeste

Plût a Dieu qu'il m'eût été libre de tracer a la vertu une carriere parfaite de bonheur sur la terre' Mais je le répete, j'ai écrit des sites reels, des mœurs dont on trouveroit peut-être en-core aujourd'hui des modeles dans quelques parties solitaires de l'île de France, ou de l'île de Bourbon qui en est voisine, et une catastrophe bien certaine, dont je peux produire, même a Paris, des temoignages irrécusables.

L'été

cela même de la réalité Lorsque j'eus formé, il y a quelques années, une exquise fort imparfaite de cette espèce de pastorale, je priai une belle dame qui fréquentoit le grand monde, et des hommes graves qui en vivoient loin, d'en entendre la lecture, afin de pressentir l'effet qu'elle produiroit sur des lecteurs de caractères si différens j'eus la satisfaction de leur voir verser à tous des larmes Ce fut le seul jugement que j'en pus tirer, et c'étoit aussi tout ce que j'en voulois savoir. Mais comme souvent un grand vice marche à la suite d'un petit talent, ce succès m'ins-

---

L'ete dernier, étant au Jardin du Roi, une dame d'une figure très-intéressante, accompagnée de son mari, ayant su de M *Jean Thouin*, chef du Jardin du Roi, que j'étois l'auteur de PAUL ET VIRGINIE, m'aborda pour me dire, " Ah! Monsieur, " vous m'avez fait passer une nuit terrible Je n'ai cessé de " gémir et de fondre en larmes La personne dont vous avez " décrit la fin malheureuse avec tant de vérité, dans le nau- " frage du Saint Géran, etoit ma parente Je suis Créole de " Bourbon " J'appris ensuite de M *Jean Thouin*, que cette dame étoit l'épouse de M *de Bonneuil*, premier valet de chambre de Monsieur. Cette dame, depuis, a bien voulu me permettre de publier ici son temoignage sur la verité de cette catastrophe, dont elle m'a rapporté des circonstances, capables d'ajouter beaucoup a l'interêt qu'inspire la mort de cette sublime victime de la pudeur, et celle de son amant infortuné.

Paris, 1792   J. B. H DE ST PIERRE

pira

pira la vanité de donner à mon ouvrage le titre de Tableau de la Nature. Heureusement je me rappelai combien la nature même du climat où je suis né m'étoit étrangère ; combien, dans des pays où je n'ai vu ses productions qu'en voyageur, elle est riche, variée, aimable, magnifique, mystérieuse, et combien je suis dénué de sagacité, de goût et d'expression pour la connoître et la peindre. Je rentrai alors en moi-même. J'ai donc compris ce foible essai sous le nom et à la suite de mes *Etudes de la Nature*, que le public a accueillies avec tant de bonté, afin que ce titre lui rappelant mon incapacité, le fit toujours ressouvenir de son indulgence.

PAUL

PAUL ET VIRGINIE.

─────────

SUR le côté oriental de la montagne qui s'élève derrière le Port-Louis de l'Ile de France, on voit, sur un terrain jadis cultivé, les ruines de deux petites cabanes. Elles sont situées presque au milieu d'un bassin. formé par de grands rochers, et qui n'a qu'une seule ouverture tournée au Nord De cette ouverture, on aperçoit sur la gauche, la montagne appelée le Morne de la Découverte, d'où l'on signale les vaisseaux qui abordent dans l'île, et au bas de cette montagne, la ville nommée le Port-Louis, sur la droite, le chemin qui mène du Port-Louis au quartier des Pamplemousses, ensuite l'église de ce nom, qui s'élève avec ses avenues de bambous au milieu d'une grande plaine, et plus loin, une forêt qui s'étend jusqu'aux extrémités de l'île On distingue devant soi, sur les bords de la mer, la Baie du Tombeau; un peu sur la droite, le Cap Malheureux, et au delà la pleine mer, où paroissent à fleur d'eau quelques îlots inhabités, entr'autres le Coin de Mire, qui ressemble à un bastion au milieu des flots

B   A len-

A l'entrée de ce bassin, d'où l'on découvre tant
d'objets, les échos de la montagne répètent sans cesse
le bruit des vents qui agitent les forêts voisines, et le
fracas des vagues qui se brisent au loin sur les recifs,
mais au pied même des cabanes, on n'entend plus aucun bruit, et on ne voit autour de soi que de grands
rochers escarpés comme des murailles. Des bou-
quets d'arbres croissent à leurs bases, dans leurs fentes,
et jusque sur leurs cimes où s'arrêtent les nuages.
Les pluies que leurs pitons attirent, peignent souvent
les couleurs de l'arc-en-ciel sur leurs flancs verts et
bruns, et entretiennent à leurs pieds les sources dont
se forme la petite rivière des Lataniers. Un grand
silence règne dans leur enceinte où tout est paisible,
l'air, les eaux et la lumière. A peine l'écho y répète le murmure des palmistes qui croissent sur
leurs plateaux élevés, et dont on voit les longues
flèches toujours balancées par les vents. Un jour
doux éclaire le fond de ce bassin, où le soleil ne luit
qu'à midi; mais dès l'aurore, ses rayons en frappent
le couronnement, dont les pics, s'élevant au-dessus
des ombres de la montagne, paroissent d'or et de pour-
pre sur l'azur des cieux.

J'aimois à me rendre dans ce lieu où l'on jouit à
la fois d'une vue immense et d'une solitude profonde.

Un

Un jour, que j'étois assis au pied de ces cabanes et que j'en considérois les ruines, un homme déjà sur l'âge, vint à passer aux environs Il étoit, suivant la coutume des anciens habitans, en petite veste et en long caleçon. Il marchoit nu-pieds, et s'appuyoit sur un bâton de bois d'ébène Ses cheveux étoient tout blancs, et sa physionomie noble et simple. Je le saluai avec respect Il me rendit mon salut, et m'ayant considéré un moment, il s'approcha de moi, et vint se reposer sur le tertre sur lequel j'étois assis. Excité par cette marque de confiance, je lui adressai la parole " Mon père," lui dis-je, " pourriez-vous " m'apprendre à qui ont appartenu ces deux ca- " banes ?" Il me répondit " Mon fils, ces masures " et ce terrain inculte étoient habités, il y a environ " vingt ans, par deux familles qui y avoient trouvé le " bonheur Leur histoire est touchante, mais dans " cette île, située sur la route des Indes, quel Euro- " péen peut s'intéresser au sort de quelques particu- " liers obscurs ? Qui voudroit même y vivre heu- " reux, mais pauvre et ignoré ? Les hommes ne " veulent connoître que l histoire des grands et des " rois qui ne sert à personne "—" Mon père," repris- je, " il est aisé de juger à votre air et à votre discours, " que vous avez acquis une grande expérience. Si " vous en avez le temps, racontez-moi, je vous prie, ce " que vous savez des anciens habitans de ce désert,

" et

" et croyez que l'homme, même le plus dépravé par
" les préjugés du monde, aime à entendre parler du
" bonheur que donnent la nature et la vertu." Alors,
comme quelqu'un qui cherche à se rappeler diverses
circonstances, après avoir appuyé quelque temps ses
mains sur son front, voici ce que ce vieillard me raconta.

En 1726, un jeune homme de Normandie, appelé
M. de la Tour, après avoir sollicité en vain du service
en France et des secours dans sa famille, se détermina
à venir dans cette île, pour y chercher fortune. Il a-
voit avec lui une jeune femme qu'il aimoit beaucoup,
et dont il étoit également aimé. Elle étoit d'une ancienne et riche maison de sa province, mais il l'avoit
épousée en secret et sans dot, parce que les parens
de sa femme s'étoient opposés à son mariage, attendu
qu'il n'étoit pas gentilhomme. Il la laissa au Port-
Louis de cette île, et il s'embarqua pour Madagascar, dans l'espérance d'y acheter quelques
noirs, et de revenir promptement ici former
une habitation. Il débarqua à Madagascar vers
la mauvaise saison qui commence à la mi-Oc-
tobre, et peu de temps après son arrivée, il y mourut
des fièvres pestilentielles qui y règnent pendant six
mois de l'année, et qui empêcheront toujours les nations Européennes d'y faire des établissemens fixes.
Les effets qu'il avoit emportés avec lui furent dispersés

persés après sa mort, comme il arrive ordinairement
à ceux qui meurent hors de leur patrie. Sa femme,
restée à l'île de France, se trouva veuve, enceinte,
et n'ayant pour tout bien au monde, qu'une négresse,
dans un pays où elle n'avoit ni crédit ni recomman-
dation Ne voulant rien solliciter auprès d'aucun
homme, après la mort de celui qu'elle avoit unique-
ment aimé, son malheur lui donna du courage. Elle
résolut de cultiver, avec son esclave, un petit coin de
terre, afin de se procurer de quoi vivre.

Dans une île presque déserte, dont le terrain étoit
à discrétion, elle ne choisit point les cantons les plus
fertiles ni les plus favorables au commerce, mais
cherchant quelque gorge de montagne, quelque asile
caché, où elle pût vivre seule et inconnue, elle s'ache-
mina de la ville vers ces rochers, pour s'y retirer
comme dans un nid. C'est un instinct commun à
tous les êtres sensibles et souffrans, de se réfugier
dans les lieux les plus sauvages et les plus déserts ;
comme si des rochers étoient des remparts contre
l'infortune, et comme si le calme de la nature pouvoit
apaiser les troubles malheureux de l'âme. Mais la
Providence, qui vient à notre secours lorsque nous ne
voulons que les biens nécessaires, en réservoit un à
Madame de la Tour, que ne donnent ni les richesses, ni la grandeur, c'étoit une amie.

Dans

Dans ce lieu, depuis un an, demeuroit une femme vive, bonne et sensible, elle s'appeloit Marguerite. Elle étoit née en Bretagne, d'une simple famille de paysans, dont elle étoit chérie, et qui l'auroit rendue heureuse, si elle n'avoit eu la foiblesse d'ajouter foi à l'amour d'un gentilhomme de son voisinage qui lui avoit promis de l'épouser, mais celui-ci, ayant satisfait sa passion, s'éloigna d'elle et refusa même de lui assurer une subsistance pour un enfant dont il l'avoit laissée enceinte. Elle s'étoit déterminée alors à quitter pour toujours le village où elle étoit née, et à aller cacher sa faute aux colonies, loin de son pays, où elle avoit perdu la seule dot d'une fille pauvre et honnête, la réputation. Un vieux noir, qu'elle avoit acquis de quelques deniers empruntés, cultivoit avec elle un petit coin de ce canton.

Madame de la Tour, suivie de sa négresse, trouva dans ce lieu Marguerite qui allaitoit son enfant. Elle fut charmée de rencontrer une femme dans une position qu'elle jugea semblable à la sienne. Elle lui parla, en peu de mots, de sa condition passée et de ses besoins présens. Marguerite, au récit de Madame de la Tour, fut émue de pitié, et voulant mériter sa confiance, plutôt que son estime, elle lui avoua, sans lui rien déguiser, l'imprudence dont elle s'étoit rendue coupable. "Pour moi," dit-elle, "j'ai mérité
"mon

" mon sort. Mais vous, Madame, .. vous, sage
" et malheureuse!" Et elle lui offrit en pleurant
sa cabane et son amitié Madame de la Tour,
touchée d'un accueil si tendre, lui dit, en la serrant
dans ses bras " Ah! Dieu veut finir mes peines,
" puisqu'il vous inspire plus de bonté envers moi,
" qui vous suis étrangère, que jamais je n'en ai trouvé
" dans mes parens."

Je connoissois Marguerite, et quoique je demeure
à une lieue et demie d'ici, dans les bois, derriere la
Montagne Longue, je me regardois comme son voisin.
Dans les villes d'Europe, une rue, un simple mur,
empêchent les membres d'une même famille de se
réunir pendant des années entières, mais dans les
colonies nouvelles, on considère comme ses voisins,
ceux dont on n'est séparé que par des bois et par des
montagnes. Dans ce temps-là, surtout, où cette
île faisoit peu de commerce aux Indes, le simple
voisinage y etoit un titre d'amitié, et l'hospitalité envers les étrangers, un devoir et un plaisir Lorsque
j'appris que ma voisine avoit une compagne, je fus la
voir, pour tâcher d'être utile à l'une et à l'autre. Je
trouvai dans Madame de la Tour, une personne d'une
figure intéressante, pleine de noblesse et de mélancolie Elle étoit alors sur le point d'accoucher. Je
dis à ces deux dames qu'il convenoit, pour l'intérêt

de

de leurs enfans, et surtout pour empêcher l'établissement de quelque autre habitant, de partager entr'elles le fond de ce bassin, qui contient environ vingt arpens. Elles s'en rapportèrent à moi pour ce partage, j'en formai deux portions à peu près égales. L'une renfermoit la partie supérieure de cette enceinte depuis ce piton de rocher couvert de nuages, d'où sort la source de la rivière des Lataniers, jusqu'à cette ouverture escarpée que vous voyez au haut de la montagne et qu'on appelle l'Embrasure, parce qu'elle ressemble en effet à une embrasure de canon. Le fond de ce sol est si rempli de roches et de ravins, qu'à peine on y peut marcher. Cependant, il produit de grands arbres, et il est rempli de fontaines et de petits ruisseaux. Dans l'autre portion, je compris toute la partie inférieure qui s'étend le long de la rivière des Lataniers, jusqu'à l'ouverture où nous sommes, d'où cette rivière commence à couler entre deux collines jusqu'à la mer. Vous y voyez quelques lisières de prairies, et un terrain assez uni, mais qui n'est guères meilleur que l'autre; car dans la saison des pluies, il est marécageux, et dans les sécheresses, il est dur comme du plomb. Quand on y veut alors ouvrir une tranchée, on est obligé de le couper avec des haches. Après avoir fait ces deux partages, j'engageai ces deux dames à les tirer au sort. La partie supérieure échut à Madame de la Tour, et l'inférieure à Marguerite.

Marguerite. L'une et l'autre furent contentes de leur lot, mais elles me prièrent de ne pas séparer leur demeure, afin, me dirent-elles, que nous puissions toujours nous voir, nous parler et nous entr'aider. Il falloit cependant à chacune d'elles une retraite particulière La case de Marguerite se trouvoit au milieu du bassin, précisément sur les limites de son terrain Je bâtis tout auprès, sur celui de Madame de la Tour, une autre case, en sorte que ces deux amies étoient à la fois dans le voisinage l'une de l'autre, et sur la propriété de leurs familles Moi-même, j'ai coupé des palissades dans la montagne; j'ai apporté des feuilles de lataniers des bords de la mer, pour construire ces deux cabanes, où vous ne voyez plus maintenant ni porte, ni couverture Hélas ! il n en reste encore que trop pour mon souvenir ! Le temps qui détruit si rapidement les monumens des Empires, semble respecter, dans ces déserts, ceux de l'amitié, pour perpétuer mes regrets jusqu'à la fin de ma vie.

A peine la seconde de ces cabanes étoit achevée que Madame de la Tour accoucha d'une fille. J'avois été le parrain de l enfant de Marguerite, qui s'appeloit Paul, Madame de la Tour me pria aussi de nommer sa fille conjointement avec son amie Celle-ci lui donna le nom de Virginie " Elle sera vertueuse," dit

dit-elle, " et elle sera heureuse. Je n'ai connu le
" malheur, qu'en m'écartant de la vertu "

Lorsque Madame de la Tour fut relevée de ses
couches, ces deux petites habitations commencèrent
à être de quelque rapport, à l'aide des soins que j'y
donnois de temps en temps, mais surtout par les
travaux assidus de leurs esclaves. Celui de Marguerite, appelé Domingue, étoit un noir Iolof, encore
robuste, quoique déjà sur l'àge Il avoit de l'expérience et un bon sens naturel Il cultivoit indiffé-
remment, sur les deux habitations, les terrains qui lui
sembloient les plus fertiles, et il y mettoit les semences qui leur convenoient le mieux. Il semoit du
petit mil et du mais dans les endroits médiocres, un
peu de froment dans les bonnes terres, du riz dans
les fonds marécageux ; et au pied des rochers, des
giraumons, des courges et des concombres qui se
plaisent à y grimper. Il plantoit dans les lieux secs,
des patates qui y viennent très-sucrées, des coton-
niers sur les hauteurs, des cannes a sucre dans les
terres fortes, des pieds de café sur les collines où
leur grain est petit, mais excellent le long de la rivière et autour des cases, des bananiers qui donnent
toute l'année de longs régimes de fruits, avec un bel
ombrage, et enfin, quelques plantes de tabac pour
charmer ses soucis et ceux de ses bonnes maîtresses.

Il alloit couper du bois à brûler dans la montagne, et casser des roches çà et là dans les habitations pour en aplanir les chemins. Il faisoit tous ces ouvrages avec intelligence et activité, parce qu'il les faisoit avec zele Il étoit fort attaché à Marguerite, et il ne l'étoit guère moins à Madame de la Tour, à la négresse de laquelle il s'étoit marié à la naissance de Virginie Il aimoit passionnément sa femme qui s'appeloit Marie Elle étoit née à Madagascar, d'où elle avoit apporté quelque industrie, entr'autres celle de faire des paniers et des étoffes appelées pagnes, avec des herbes qui croissent dans les bois. Elle étoit adroite, propre et surtout très-fidèle. Elle avoit soin de préparer à manger, d'élever quelques poules, et d'aller de temps en temps vendre, au Port-Louis, le superflu de ces deux habitations, qui étoit bien peu considérable Si vous y joignez deux chèvres élevées près des enfans, et un gros chien qui veilloit la nuit au dehors, vous aurez une idée de tout le revenu et de tout le domestique de ces deux petites métairies.

Pour ces deux amies, elles filoient, du matin au soir, du coton. Ce travail suffisoit à leur entretien et à celui de leurs familles ; mais d'ailleurs, elles étoient si dépourvues de commodités étrangères, qu'elles marchoient nu-pieds dans leur habitation, et ne portoient de souliers que pour aller le Dimanche, de grand

grand matin, à la messe, à l'église des Pamplemousses que vous voyez là-bas.   Il y a cependant bien
plus loin qu'au Port-Louis, mais elles se rendoient
rarement à la ville, de peur d'y être méprisées, parce
qu'elles étoient vêtues de grosse toile bleue du Bengale, comme des esclaves   Après tout, la considération publique vaut-elle le bonheur domestique?
Si ces dames avoient un peu à souffrir au dehors,
elles rentroient chez elles avec d'autant plus de plaisir
A peine Marie et Domingue les apercevoient de
cette hauteur, sur le chemin des Pamplemousses,
qu'ils accouroient jusqu'au bas de la montagne, pour
les aider à la remonter   Elles lisoient dans les yeux
de leurs esclaves, la joie qu'ils avoient de les revoir.
Elles trouvoient chez elles la propreté, la liberté, des
biens qu'elles ne devoient qu'à leurs propres travaux,
et des serviteurs pleins de zèle et d'affection.   Elles-
mêmes, unies par les mêmes besoins, ayant éprouvé
des maux presque semblables, se donnant les doux
noms d'amie, de compagne et de sœur, n'avoient
qu'une volonté, qu'un intérêt, qu'une table   Tout
entr'elles étoit commun.   Seulement, si d'anciens
feux plus vifs que ceux de l'amitié se réveilloient dans
leur âme, une religion pure, aidée par des mœurs
chastes, les dirigeoit vers une autre vie, comme la
flamme qui s'envole vers le ciel lorsqu'elle n'a plus
d'aliment sur la terre.

                                           Les

Les devoirs de la nature ajoutoient encore au bonheur de leur société. Leur amitié mutuelle redoubloit à la vue de leurs enfans, fruits d'un amour également infortuné Elles prenoient plaisir à les mettre ensemble dans le même bain, et à les coucher dans le même berceau. Souvent elles les changeoient de lait "Mon amie," disoit Madame de la Tour, " chacune de nous aura deux enfans, et chacun de " nos enfans aura deux mères." Comme deux bourgeons qui restent sur deux arbres de la même espèce, dont la tempête a brisé toutes les branches, viennent à produire des fruits plus doux, si chacun d'eux, détaché du tronc maternel est greffé sur le tronc voisin; ainsi, ces deux petits enfans, privés de tous leurs parens, se remplissoient de sentimens plus tendres que ceux de fils et de fille, de frère et de sœur, quand ils venoient à être changés de mamelles par les deux amies qui leur avoient donné le jour Déjà leurs mères parloient de leur mariage sur leurs berceaux, et cette perspective de félicité conjugale, dont elles charmoient leurs propres peines, finissoit bien souvent par les faire pleurer, l'une se rappelant que ses maux étoient venus d'avoir négligé l'hymen, et l'autre, d'en avoir subi les lois, l'une, de s'être élevée au-dessus de sa condition, et l'autre, d'en être descendue, mais elles se consoloient, en pensant qu'un jour leurs enfans, plus heureux, jouiroient à la fois, loin des cruels préjugés

préjugés de l'Europe, des plaisirs de l'amour et du
bonheur de l'égalité.

Rien, en effet, n'étoit comparable à l'attachement
qu'ils se témoignoient déjà. Si Paul venoit à se
plaindre, on lui montroit Virginie · à sa vue, il
souroit et s'apaisoit. Si Virginie souffroit, on en
étoit averti par les cris de Paul, mais cette aimable
fille dissimuloit aussitôt son mal, pour qu'il ne souf-
frît pas de sa douleur. Je n'arrivois point de fois ici,
que je ne les visse tous deux, tout nus, suivant la
coutume du pays, pouvant à peine marcher, se tenant ensemble par les mains et sous les bras, comme
on représente la constellation des Gémeaux. La nuit
même ne pouvoit les séparer · elle les surprenoit souvent couchés dans le même berceau, joue contre
joue, poitrine contre poitrine, les mains passées mu-
tuellement autour de leurs cous, et endormis dans les
bras l'un de l'autre.

Lorsqu'ils surent parler, les premiers noms qu'ils
apprirent à se donner, furent ceux de frère et de sœur.
L'enfance qui connoît des caresses plus tendres, ne
connoît point de plus doux noms Leur éducation
ne fit que redoubler leur amitié, en la dirigeant vers
leurs besoins réciproques. Bientôt tout ce qui re-
garde l'économie, la propreté, le soin de préparer un
repas

Image out

Published by Vernor & Hood May 21 1796

repas champêtre fut du ressort de Virginie, et ses travaux étoient toujours suivis des louanges et des baisers de son frère Pour lui, toujours en action, il béchoit le jardin avec Domingue, ou, une petite hache à la main, il le suivoit dans les bois ; et si dans ces courses, une belle fleur, un bon fruit, ou un nid d'oiseaux se présentoient à lui, eussent-ils été au haut d'un arbre, il l'escaladoit pour les apporter à sa sœur.

Quand on en rencontroit un quelque part, on étoit sûr que l'autre n'étoit pas loin. Un jour que je descendois du sommet de cette montagne, j'apperçus, à l'extrémité du jardin, Virginie qui accouroit vers la maison, la tête couverte de son jupon qu'elle avoit relevé par derrière, pour se mettre à l'abri d'une ondée de pluie De loin, je la crus seule, et m'étant avancé vers elle pour l'aider à marcher, je vis qu'elle tenoit Paul par le bras, enveloppé presqu'en entier de la même couverture, riant l'un et l'autre d'être ensemble à l'abri, sous un parapluie de leur invention. Ces deux têtes charmantes, renfermées sous ce jupon bouffant, me rappelèrent les enfans de Léda, enclos dans la même coquille

Toute leur étude étoit de se complaire et de s'entraider. Au reste, ils étoient ignorans comme des Créoles,

Créoles, et ne savoient ni lire ni écrire. Ils ne s'in-
quiétoient pas de ce qui s'étoit passé dans des temps
reculés et loin d'eux ; leur curiosité ne s'étendoit pas
au delà de cette montagne. Ils croyoient que le
monde finissoit où finissoit leur île, et ils n'imagi-
noient rien d'aimable où ils n'étoient pas. Leur affection mutuelle et celle de leurs mères occupoient
toute l'activité de leurs âmes   Jamais des sciences
inutiles n'avoient fait couler leurs larmes. Jamais les
leço. s d'une triste morale ne les avoient remplis d'ennui   Ils ne savoient pas qu'il ne faut pas dérober,
tout chez eux étant commun ; ni être intempérant,
ayant à discrétion des mets simples, ni menteur,
n'ayant aucune vérité à dissimuler. On ne les avoit
jamais effrayés, en leur disant que Dieu réserve des
pun tions terribles aux enfans ingrats, chez eux,
l amitié filiale étoit née de l'amitié maternelle. On
ne leur avoit appris de la religion que ce qui la fait
aimer, et s'ils n'offroient pas à l'église de longues
prieres, partout où ils étoient, dans la maison, dans
les champs, dans les bois, ils levoient vers le ciel des
mains innocentes et un cœur plein de l'amour de
leurs parens.

Ainsi se passa leur première enfance, comme une
belle aube qui annonce un plus beau jour. Déjà ils
partageoient avec leurs mères tous les soins du ménage

nage. Dès que le chant du coq annonçoit le retour
de l'aurore, Virginie se levoit, alloit puiser de l'eau à
la source voisine, et rentroit dans la maison pour préparer le déjeuné bientôt après, quand le soleil do-
roit les pitons de cette enceinte, Marguerite et son fils
se rendoient chez Madame de la Tour alors ils com-
mençoient tous ensemble une prière suivie du premier repas, souvent ils le prenoient devant la porte,
assis sur l'herbe sous un berceau de bananiers, qui
leur fournissoient à la fois des mets tout préparés
dans leurs fruits substantiels, et du linge de table
dans leurs feuilles longues et lustrées Une nourriture saine et abondante développoit rapidement les
corps de ces deux jeunes gens, et une éducation
douce peignoit dans leur physionomie la pureté et le
contentement de leur âme Virginie n'avoit que
douze ans déjà sa taille étoit plus qu'à demi-for-
mée, de grands cheveux blonds ombrageoient sa
tête ses yeux bleus et ses levres de corail brilloient
du plus tendre éclat sur la fraîcheur de son visage.
Ils sourioient toujours de concert quand elle parloit;
mais quand elle gardoit le silence, leur obliquité naturelle vers le ciel leur donnoit une expression d'une
sensibilité extrême, et même celle d'une légère mélancolie Pour Paul, on voyoit déjà se développer
en lui le caractère d'un homme au milieu des grâces
de l'adolescence. Sa taille étoit plus élevée que

c   celle

celle de Virginie, son teint plus rembruni, son nez plus aquilin, et ses yeux qui étoient noirs auroient eu un peu de fierté, si les longs cils qui rayonnoient autour comme des pinceaux, ne leur avoient donné la plus grande douceur Quoiqu'il fût toujours en mouvement, dès que sa sœur paroissoit, il devenoit tranquille et alloit s'asseoir auprès d'elle ; souvent leur repas se passoit sans qu'ils se dissent un mot A leur silence, à la naiveté de leurs attitudes, à la beauté de leurs pieds nus, on eût cru voir un groupe antique de marbre blanc, représentant quelques-uns des enfans de Niobé Mais à leurs regards qui cherchoient à se rencontrer, à leurs sourires rendus par de plus doux sourires, on les eût pris pour ces enfans du ciel, pour ces esprits bienheureux, dont la nature est de s'aimer, et qui n'ont pas besoin de rendre le sentiment par des pensées, et l'amitié par des paroles.

Cependant, Madame de la Tour, voyant sa fille se développer avec tant de charmes, sentoit augmenter son inquietude avec sa tendresse Elle me disoit quelquefois " si je venois à mourir, que deviendroit " Virginie sans fortune ?"

Elle avoit en France une tante, fille de qualité, riche, vieille et dévote, qui lui avoit refusé si durement

ment

ment des secours, lorsqu'elle se fut mariée à M de
la Tour, qu'elle s'étoit bien promis de n'avoir jamais
recours à elle, à quelque extrémité qu'elle fût ré-
duite Mais devenue mère, elle ne craignit plus la
honte des refus. Elle manda à sa tante la mort inat-
tendue de son mari, la naissance de sa fille, et l'embarras où elle se trouvoit loin de son pays, dénuée de
support et chargée d'un enfant Elle n'en reçut
point de réponse. Elle, qui étoit d'un caractère
élevé, ne craignit plus de s'humilier, et de s'exposer
aux reproches de sa parente, qui ne lui avoit jamais
pardonné d'avoir épousé un homme sans naissance,
quoique vertueux. Elle lui écrivoit donc par toutes
les occasions, afin d'exciter sa sensibilité en faveur de
Virginie Mais bien des années s'étoient écoulées,
sans recevoir d'elle aucune marque de souvenir.

Enfin en 1738, à l'arrivée de M. de la Bourdonnais, Madame de la Tour apprit que ce nouveau gouverneur avoit à lui remettre une lettre de la part de
sa tante. Elle courut au Port-Louis, sans se soucier,
cette fois, d'y paroître mal vêtue, la joie maternelle
la mettant au-dessus du respect humain M de la
Bourdonnais lui donna en effet une lettre de sa tante.
Celle-ci mandoit à sa nièce, qu'elle avoit mérité son
sort, pour avoir épousé un aventurier, un libertin;
que les passions portoient avec elles leur punition;

qu'

que la mort prématurée de son mari étoit un juste
châtiment de Dieu, qu'elle avoit bien fait de passer
aux îles, plutôt que de déshonorer sa famille en
France, qu'elle étoit, après tout, dans un bon pays,
où tout le monde faisoit fortune, excepté les pares-
seux. Après l'avoir ainsi blâmée, elle finissoit par
se louer elle-même Pour éviter, disoit-elle, les
suites presque toujours funestes du mariage, elle avoit
toujours refusé de se marier.

La vérité est, qu'étant ambitieuse, elle n'avoit
voulu épouser qu'un homme de grande qualité, mais
quoiqu'elle fut très-riche, et qu'à la cour on soit indifférent à tout, excepté à la fortune, il ne s'étoit
trouvé personne qui eût voulu s'allier à une fille
aussi laide et à un cœur aussi dur.

Elle ajoutoit par *post-scriptum*, que toute considération faite, elle l'avoit fortement recommandée à M.
de la Bourdonnais. Elle l'avoit en effet recommandée, mais suivant un usage bien commun aujourd'hui,
qui rend un protecteur plus à craindre qu'un ennemi
déclaré · afin de justifier, auprès du gouverneur, sa
dureté pour sa niece, en feignant de la plaindre, elle
l'avoit calomniée.

Madame

Madame de la Tour, que tout homme indifférent n'eût pu voir sans intérêt et sans respect, fut reçue avec beaucoup de froideur par M de la Bourdonnais prévenu contre elle. Il ne répondit à l'exposé qu'elle lui fit de sa situation et de celle de sa fille, que par de durs monosyllabes " Je verrai .. nous ver- " rons, ... avec le temps il y a bien des mal- " heureux ! Pourquoi indisposer une tante respec- " table ? ... C'est vous qui avez tort."

Madame de la Tour retourna à l'habitation le cœur navré de douleur et plein d'amertume. En ar- rivant, elle s'assit, jeta sur la table la lettre de sa tante, et dit à son amie " Voilà le fruit d'onze ans " de patience " Mais comme il n'y avoit que Ma- dame de la Tour qui sût lire dans la société, elle re- prit la lettre, et en fit la lecture devant toute la fa- mille rassemblée A peine étoit-elle achevée, que Marguerite lui dit avec vivacité, " Qu'avons-nous " besoin de tes parens ? Dieu nous a-t-il abandon- " nés ? C'est lui seul qui est notre père N'avons- " nous pas vécu heureux jusqu'à ce jour ? Pour- " quoi donc te chagriner ? Tu n'as point de courage " Et voyant Madame de la Tour pleurer, elle se jeta à son cou, et la serrant dans ses bras " Chère amie,' s'écria-t-elle, " chère amie !" Mais ses propres san- glots étouffèrent sa voix A ce spectacle, Virginie, fondant en larmes, pressoit alternativement les mains de sa mère et celles de Marguerite contre sa bouche et contre son cœur, et Paul, les yeux enflammés de colère, crioit, serroit les poings, frappoit du pied, ne sachant à qui s'en prendre. A ce bruit, Domingue et Marie accourent, et l'on n'entendit plus dans la case que ces cris de douleur · "Ah, madame !—ma " bonne maîtresse !—ma mère !—ne pleurez pas." De si tendres marques d'amitié dissipèrent le chagrin de Madame de la Tour Elle prit Paul et Virginie dans ses bras, et leur dit d'un air content "Mes en- ' fans, vous êtes cause de ma peine, mais vous faites " toute ma joie. O mes chers enfans ! le malheur " ne m'est venu que de loin, le bonheur est autour ' de moi" Paul et Virginie ne la comprirent pas; mais quand ils la virent tranquille, ils sourirent, et se mirent à la caresser Ainsi, ils continuèrent tous à être heureux, et ce ne fut qu'un orage au milieu d'une belle saison.

Le bon naturel de ces enfans se développoit de jour en jour Un Dimanche, au lever de l'aurore, leurs mères étant allées à la première messe à l'église des Pamplemousses, une négresse Maronne se pré- senta sous les bananiers qui entouroient leur habita- tion Elle étoit décharnée comme un squelette, et n'avoit pour vêtement qu'un lambeau de serpillière

autour

autour des reins. Elle se jeta aux pieds de Virginie
qui préparoit le déjeuné de la famille, et lui dit :
" Ma jeune demoiselle, ayez pitié d'une pauvre es-
" clave fugitive, il y a un mois que j'erre dans ces
" montagnes, demi-morte de faim, souvent pour-
" suivie par des chasseurs et par leurs chiens. Je
" fuis mon maître qui est un riche habitant de la
" Rivière Noire. Il m'a traitée comme vous le
" voyez." En même temps, elle lui montra son
corps sillonné de cicatrices profondes, par les coups
de fouet qu'elle en avoit reçus. Elle ajouta : " Je
" voulois aller me noyer ; mais sachant que vous de-
" meuriez ici, j'ai dit : Puisqu'il y a encore de bons
" blancs dans ce pays, il ne faut pas encore mourir."
Virginie, toute émue, lui répondit : " Rassurez-vous,
" infortunée créature ! Mangez, mangez," et elle lui
donna le déjeuné de la maison, qu'elle avoit apprêté.
L'esclave, en peu de momens, le dévora tout entier.
Virginie, la voyant rassasiée, lui dit : " Pauvre mi-
" sérable ! j'ai envie d'aller demander votre grâce à
" votre maître, en vous voyant, il sera touché de
" pitié. Voulez-vous me conduire chez lui ?"--"Ange
" de Dieu," repartit la négresse, "je vous suivrai
" partout où vous voudrez." Virginie appela son
frère, et le pria de l'accompagner. L'esclave Maronne les conduisit par des sentiers, au milieu des
bois, à travers de hautes montagnes, qu'ils grimpè-

C 4   rent

rent avec bien de la peine, et de larges rivières qu'ils
passèrent à gué. Enfin, vers le milieu du jour, ils arrivèrent au bas d'un morne, sur les bords de la Rivière Noire Ils apperçurent là une maison bien
bâtie, des plantations considérables, et un grand
nombre d'esclaves occupés à toutes sortes de travaux.
Leur maître se promenoit au milieu d'eux, une pipe
à la bouche, et un rotin à la main. C'étoit un grand
homme sec, olivâtre, aux yeux enfoncés et aux sour-
cils noirs et joints Virginie toute émue, tenant
Paul par le bras, s'approcha de l'habitant, et le pria,
pour l'amour de Dieu, de pardonner à son esclave,
qui étoit à quelques pas de là derrière eux. D'abord
l'habitant ne fit pas grand compte de ces deux enfans
pauvrement vêtus, mais quand il eut remarqué la
taille élégante de Virginie, sa belle tête blonde sous
une capote bleue, et qu'il eut entendu le doux son de
sa voix, qui trembloit, ainsi que tout son corps, en lui
demandant grâce, il ôta sa pipe de sa bouche, et levant son rotin vers le ciel, il jura par un affreux ser-
ment, qu'il pardonnoit à son esclave, non pas pour
l'amour de Dieu, mais pour l'amour d'elle. Virginie aussitôt fit signe à l'esclave de s'avancer vers son
maître, puis elle s'enfuit, et Paul courut après elle.

Ils remontèrent ensemble le revers du morne par
où ils étoient descendus, et parvenus à son sommet,

ils

ils s'assirent sous un arbre accablés de lassitude, de
faim et de soif Ils avoient fait à jeun plus de cinq
heues depuis le lever du soleil Paul dit à Virginie :
" Ma sœur, il est plus de midi, tu as faim et soif ;
" nous ne trouveron point ici à dîner ; redescendons
" le morne, et allons demander à manger au maître
" de l'esclave."—" Oh non, mon ami," reprit Virginie, " il m'a fait trop de peur. Souviens-toi de
" ce que dit quelquefois maman le pain du mé-
" chant remplit la bouche de gravier."—" Comment
" ferons-nous donc ?" dit Paul , " ces arbres ne pro-
" duisent que de mauvais fruit Il n'y a pas seule-
" ment ici un tamarin ou un citron pour te refraî-
" chir "—" Dieu aura pitié de nous," repartit Virginie , " il exauce la voix des petits oiseaux qui
" lui demandent de la nourriture " A peine avoit-
elle dit ces mots, qu'ils entendirent le bruit d'une
source qui tomboit d'un rocher voisin Ils y couru-
rent, et après s'être désaltérés avec ses eaux plus claires
que le cristal, ils cueillirent et mangerent un peu de
cresson qui croissoit sur ses bords Comme ils regar-
doient de côté et d'autre s'ils ne trouveroient pas
quelque nourriture plus solide, Virginie apperçut,
parmi les arbres de la forêt, un jeune palmiste. Le
chou que la cime de cet arbre renferme au milieu de
ses feuilles, est un fort bon manger, mais quoique
si tige ne fût pas plus grosse que la jambe, elle avoit
.plus.

plus de soixante pieds de hauteur. A la vérité, le bois de cet arbre n'est formé que d'un paquet de filamens, mais son aubier est si dur, qu'il fait rebrousser les meilleures haches, et Paul n'avoit pas même un couteau. L'idée lui vient de mettre le feu au pied de ce palmiste : autre embarras, il n'avoit point de briquet, et d'ailleurs dans cette île si couverte de rochers, je ne crois pas qu'on puisse trouver une seule pierre à fusil. La nécessité donne de l'industrie, et souvent les inventions les plus utiles ont été dues aux hommes les plus misérables. Paul résolut d'allumer du feu à la manière des noirs. Avec l'angle d'une pierre il fit un petit trou sur une branche d'arbre bien sèche qu'il assujettit sous ses pieds : puis, avec le tranchant de cette pierre, il fit une pointe à un autre morceau de branche également sèche, mais d'une espèce de bois différent. Il posa ensuite ce morceau de bois pointu dans le petit trou de la branche qui étoit sous ses pieds, et le faisant rouler rapidement entre ses mains, comme on roule un moulinet dont on veut faire mousser du chocolat, en peu de momens il vit sortir du point de contact de la fumée et des étincelles. Il ramassa des herbes sèches et d'autres branches d'arbres, et mit le feu au pied du palmiste, qui bientôt après, tomba avec un grand fracas. Le feu lui servit encore à dépouiller le chou de l'enveloppe de ses longues feuilles ligneuses et piquantes. Virginie et et lui mangèrent une partie de ce chou crue, et l'autre cuite sous la cendre, et ils les trouvèrent également savoureuses. Ils firent ce repas frugal remplis de joie, par le souvenir de la bonne action qu'ils avoient faite le matin, mais cette joie étoit troublée par l'inquiétude où ils se doutoient bien que leur longue absence de la maison jetteroit leurs mères. Virginie revenoit souvent sur cet objet, cependant Paul qui sentoit ses forces rétablies, l'assura qu'ils ne tarderoient pas à tranquilliser leurs parens.

Après dîner, ils se trouvèrent bien embarrassés; car ils n'avoient plus de guide pour les reconduire chez eux. Paul, qui ne s'étonnoit de rien, dit à Virginie " Notre case est vers le soleil du milieu du " jour, il faut que nous passions, comme ce matin, " par-dessus cette montagne que tu vois là-bas avec " ses trois pitons. Allons, marchons, mon amie " Cette montagne étoit celle des Trois Mamelles *, ainsi nommée

---

* Il y a beaucoup de montagnes dont les sommets sont arrondis en forme de mamelles, et qui en portent le nom dans toutes les langues. Ce sont en effet de véritables mamelles; car ce sont d'elles que découlent beaucoup de rivières et de ruisseaux qui répandent l'abondance sur la terre. Elles sont les sources des principaux fleuves qui l'arrosent, et elles fournissent

hommée parce que ses trois pitons en ont la forme.
Ils decendirent donc le morne de la Rivière Noire du
côté du Nord, et arrivèrent, après une heure de
marche, sur les bords d'une large rivière qui barroit
leur chemin. Cette grande partie de l'île toute couverte de forêts est si peu connue, même aujourd'hui,
que plusieurs de ces rivières et de ces montagnes n'y
ont pas encore de nom La rivière, sur le bord de
laquelle ils étoient, coule en bouillonnant sur un lit
de rochers. Le bruit de ses eaux effraya Virginie ;
elle n'osa y mettre les pieds pour la passer à gué.
Paul alors prit Virginie sur son dos, et passa, ainsi
chargé, sur les roches glissantes de la rivière, malgré
le tumulte de ses eaux " N'aie pas peur," lui disoit-
il, " je me sens bien fort avec toi Si l'habitant de
" la Rivière Noire t'avoit refusé la grâce de son es-
" clave, je me serois battu avec lui "—" Comment,
dit Virginie, " avec cet homme si grand et si mé-
" chant? A quoi t'ai-je exposé! Mon Dieu! qu'il
" est difficile de faire le bien ! il n'y a que le mal de
" facile à faire Quand Paul fut sur le rivage, il
voulut continuer sa route chargé de sa sœur, et il se

---

nissent constamment à leurs eaux, en attirant sans cesse les
nuages autour du piton de rocher qui les surmonte à leur centre comme un mamelon Nous avons indiqué ces prevoyances
admirables de la nature dans nos *Etudes de la Nature.*

flattoit

'Vixere ini'

Publish'd by Verner & Hood July 6th 1796

flattoit de monter ainsi la montagne des Trois Mamelles, qu'il voyoit devant lui à une demi-lieue de là;
mais bientôt les forces lui manquèrent, et il fut obligé de la mettre à terre et de se reposer auprès d'elle.
Virginie lui dit alors " Mon frère, le jour baisse;
" tu as encore des forces, et les miennes me man-
" quent, laisse-moi ici, et retourne seul à notre
" case, pour tranquilliser nos mères "—" Oh ! non,"
dit Paul, " je ne te quitterai pas. Si la nuit nous
" surprend dans ce bois, j'allumerai du feu, j'abattrai
" des palmistes, tu en mangeras le chou, et je ferai
" avec ses feuilles un ajoupa pour te mettre à l'abri."
Cependant Virginie, s'étant un peu reposée, cueillit
sur le tronc d'un vieux arbre penché sur le bord de
la rivière, de longues feuilles de scolopendre qui
pendoient de son tronc Elle en fit des espèces de
brodequins dont elle s'entoura les pieds, que les
pierres des chemins avoient mis en sang, car, dans
l'empressement d'être utile, elle avoit oublié de se
chausser Se sentant soulagée par la fraîcheur de ces
feuilles, elle rompit une branche de bambou, et se mit
en marche, en s'appuyant d'une main sur ce roseau,
de l'autre sur son frere.

Ils cheminoient ainsi doucement à travers les bois;
mais la hauteur des arbres et l'épaisseur de leur feuillage,

lage, leur firent bientôt perdre de vue la montagne
des Trois Mamelles sur laquelle ils se dirigeoient, et
même le soleil qui étoit déjà près de se coucher.
Au bout de quelque temps, ils quittèrent, sans s'en
appercevoir, le sentier frayé dans lequel ils avoient
marché jusqu alors, et ils se trouvèrent dans un labyrinthe d arbres, de lianes et de rochers, qui n'avoit
plus d issue Paul fit asseoir Virginie, et se mit à courir çà et là, tout hors de lui, pour chercher un chemin
hors de ce fourré épais, mais il se fatigua en vain.
Il monta au haut d'un grand arbre, pour découvrir
au moins la montagne des Trois Mamelles ; mais il
n apperçut autour de lui que les cimes des arbres,
dont quelques-unes étoient éclairées par les derniers
rayons du soleil couchant Cependant l'ombre des
montagnes courroit déjà les forêts dans les vallées ;
le vent se calmoit, comme il arrive au coucher du
soleil un profond silence régnoit dans ces solitudes,
et on n'y entendoit d autre bruit que le bramement
des cerfs, qui venoient chercher leur gîte dans ces
lieux écartés Paul, dans l'espoir que quelque chasseur pourroit l entendre, cria alors de toute sa force :
" Venez, venez au secours de Virginie !" Mais les
seuls échos de la forêt répondirent à sa voix, et répé-
tèrent à plusieurs reprises " Virginie..... Virginie."

Paul

Paul descendit alors de l'arbre, accablé de fatigue et de chagrin; il chercha les moyens de passer la nuit dans ce lieu, mais il n'y avoit ni fontaine, ni palmiste, ni même de branches de bois sec propre à allumer du feu. Il sentit alors, par son expérience, toute la foiblesse de ses ressources, il se mit à pleurer. Virginie lui dit. " Ne pleure point, mon ami, si tu ne " veux m'accabler de chagrin C'est moi qui suis " la cause de toutes tes peines, et de celles qu'éprou- " vent maintenant nos mères Il ne faut rien faire, " pas même le bien, sans consulter ses parens Oh! " j'ai été bien imprudente!" et elle se mit à verser des larmes Cependant elle dit à Paul, " Prions Dieu, " mon frère, et il aura pitié de nous " A peine avoient-ils achevé leur prière, qu'ils entendirent un chien aboyer " C'est," dit Paul, "le chien de quelque " chasseur, qui vient le soir tuer des cerfs à l'affût " Peu après, les aboiemens du chien redoublèrent. " Il " me semble," dit Virginie, " que c'est Fidele, le " chien de notre case Oui, je reconnois sa voix! " serions nous si près d'arriver, et au pied de notre " montagne?" En effet, un moment après, Fidele étoit à leurs pieds, aboyant, hurlant, gémissant & les accablant de caresses Comme ils ne pouvoient reve- nir de leur surprise, ils apperçurent Domingue qui recouroit à eux. A l'arrivée de ce bon noir, qui pleu- roit de joie, ils se mirent aussi à pleurer, sans pouvoir

lui

lui dire un mot Quand Domingue eut repris ses sens "O mes jeunes maîtres," leur dit-il, " que vos " mères ont d'inquiétude ! comme elles ont été éton- " nées, quand elles ne vous ont plus trouvés au " retour de la messe où je les accompagnois ! " Marie, qui travailloit dans un coin de l'habi- " tation, n'a su nous dire où vous étiez allés J'allois, " je venois autour de l'habitation, ne sachant moi- " même de quel côté vous chercher. Enfin, j'ai pris " vos vieux habits à l'un et à l'autre *, je les ai fait " flairer à Fidèle . et sur le champ, comme si ce " pauvre animal m'eût entendu, il est mis à quêter " sur vos pas Il m'a conduit, toujours en remuant " la queue, jusqu'à la Rivière Noire, C'est là où " j'ai appris d'un habitant, que vous lui aviez ramené " une négresse Maronne, et qu'il vous avoit accordé " sa grâce. Mais quelle grâce ! il me l'a montrée " attachée, avec une chaîne au pied, à un billot de " bois et avec un collier de fer à trois crochets autour " du cou. De là, Fidele, toujours quêtant, m'a mené

* Ce trait de sagacité du noir Domingue et de son chien Fidele, ressemble beaucoup a celui du sauvage Tewenissa et de son chien Oniah, rapporte par M de Crevecœur, dans son ouvrage plein d'humanité, intitulé. *Lettres d'un Cultiva- teur Américain.*

" sur le moine de la Rivière Noire, où il s'est arrêté
" encore, en aboyant de toute sa force. C'étoit sur
" le bord d'une source, auprès d'un palmiste abattu,
" et près d'un feu qui fumoit encore enfin, il m'a
" conduit ici Nous sommes au pied de la mon-
" tagne des Trois Mamelles, et il y a encore quatre
" bonnes lieues jusque chez nous Allons, mangez
" et prenez des forces " Il leur présenta aussitôt un
gâteau, des fruits, et une grande calebasse remplie
d'une liqueur composée d'eau, de vin, de jus de citron,
de sucre et de muscade, que leurs mères avoient préparée pour les fortifier et les rafraîchir Virginie
soupira au souvenir de la pauvre esclave, et des inquiétudes de leurs mères. Elle répéta plusieurs fois:
" Oh, qu'il est difficile de faire le bien!" Pendant
que Paul et elle se rafraîchissoient, Domingue alluma
du feu, et ayant cherché dans les roches un bois tor-
tu, qu'on appelle bois de ronde et qui brûle tout vert
en jetant une grande flamme, il en fit un flambeau
qu'il alluma ; car il étoit déjà nuit. Mais il éprouva
un embarras bien plus grand quand il fallut se mettre
en route Paul et Virginie ne pouvoient plus marcher;
leurs pieds étoient enflés et tout rouges Domingue
ne savoit s'il devoit aller bien loin de là leur chercher
du secours, ou passer dans ce lieu la nuit avec eux.
" Où est le temps," leur disoit-il, "où je vous portois
" tous deux à la fois dans mes bras? mais mainte-

" nant vous êtes grands et je suis vieux " Comme
il étoit dans cette perplexité, une troupe de noirs
marrons se fit voir à vingt pas de là   Le chef de
cette troupe, s approchant de Paul et de Virginie, leur
dit : " Bon petits blancs, n'ayez pas peur , nous vous
" avons vu passer ce matin avec une négresse de la
" Rivière Noire, vous alliez demander sa grâce à
" son mauvais maître.   En reconnoissance, nous
" vous reporterons chez vous sur nos épaules." Alors
il fit un signe, et quatre noirs marrons des plus ro-
bustes firent aussitôt un brancard avec des branches
d'arbre et des lianes, y placèrent Paul et Virginie,
les mirent sur leurs épaules, et Domingue marchant
devant eux avec son flambeau, ils se mirent en route,
aux cris de joie de toute la troupe qui les combloit
de bénédictions   Virginie, attendrie, disoit à Paul
" ô mon ami ! jamais Dieu ne laisse un bienfait
" sans récompense."

Ils arrivèrent vers le milieu de la nuit au pied de
leur montagne, dont les croupes étoient éclairées de
plusieurs feux   A peine ils la montoient, qu'ils entendirent des voix qui crioient   " Est-ce vous, mes
" enfans " Ils répondirent avec les noirs   " Oui,
" c'est nous ! " et bientôt ils aperçurent leurs mères
et Marie qui venoient au-devant d eux avec des tisons
flambans   " Malheureux enfans," dit Madame de la
Tour,

Tour, " d'où venez-vous ? dans quelles angoisses vous
" nous avez jetées !"—" Nous venons," dit Virginie, " de la Rivière Noire, demander la grâce d'une
" pauvre esclave marronne, à qui j'ai donné ce matin
" le déjeuné de la maison, parce qu'elle mouroit de
" faim, et voilà que les noirs marrons nous ont rame-
" nés " Madame de la Tour embrassa sa fille, sans
pouvoit parler, et Virginie, qui sentit son visage
mouillé des larmes de sa mère, lui dit · " Vous me
" payez de tout le mal que j'ai souffert !" Marguerite, ravie de joie, serroit Paul dans ses bras, et lui
disoit " Et toi aussi, mon fils, tu as fait une bonne
" action." Quand elles furent arrivées dans leur
case avec leurs enfans, elles donnèrent bien à manger
aux noirs marrons, qui s'en retournèrent dans leurs
bois, en leur souhaitant toutes sortes de prospérités.

Chaque jour étoit pour ces familles un jour de bonheur et de paix. Ni l'envie, ni l'ambition ne les
tourmentoient. Elles ne désiroient point au dehors
une vaine réputation que donne l'intrigue et qu'ôte
la calomnie. Il leur suffisoit d'être à elles-mêmes
leurs témoins et leurs juges Dans cette île, où,
comme dans toutes les colonies Européennes, on
n'est curieux que d'anecdotes malignes, leurs vertus
et même leurs noms étoient ignorés. Seulement,
quand un passant demandoit sur le chemin des Pample-

mousses,

mousses, à quelques habitans de la plaine · " Qui est-
" ce qui demeure là-haut dans ces petites cases?"
Ceux-ci répondoient sans les connoître " Ce sont de
" bonnes gens." Ainsi des violettes, sous des buissons épineux, exhalent au loin leurs doux parfums,
quoiqu'on ne les voie pas.

Elles avoient banni de leurs conversations, la médisance, qui, sous une apparence de justice, dispose né-
cessairement le cœur à la haine ou à la fausseté, car il
est impossible de ne pas hair les hommes, si on les
croit méchans, et de vivre avec les méchans, si on ne
leur cache sa haine sous de fausses apparences de
bienveillance. Ainsi la médisance nous oblige d'être
mal avec les autres ou avec nous-mêmes. Mais, sans
juger les hommes en particulier, elles ne s'entretenoient que des moyens de faire du bien à tous en
général, et quoiqu'elles n'en eussent pas le pouvoir,
elles en avoient une volonté perpétuelle, qui les remplissoit d'une bienveillance toujours prête à s'étendre
au dehors En vivant donc dans la solitude, loin
d'être sauvages, elles étoient devenues plus humaines.
Si l'histoire scandaleuse de la société ne fournissoit
point de matière à leurs conversations, celle de la
nature les remplissoit de ravissement et de joie.
Elles admiroient avec transport le pouvoir d'une Providence qui, par leurs mains, avoit répandu au milieu

de

de ces arides rochers, l'abondance, les grâces, les plaisirs purs, simples et toujours renaissans.

Paul, à l'âge de douze ans, plus robuste et plus intelligent que les Européens à quinze, avoit embelli ce que le noir Domingue ne faisoit que cultiver. Il alloit avec lui, dans les bois voisins, déraciner de jeunes plants de citronniers, d'orangers, de tamarins, dont la tête ronde est d'un si beau vert, et de dattiers dont le fruit est plein d'une crême sucrée, qui a le parfum de la fleur d'orange. Il plantoit ces arbres, déjà grands, autour de cette enceinte. Il y avoit semé des graines d'arbres, qui, dès la seconde année, portent des fleurs ou des fruits, tel que l'agathis, où pendent tout autour, comme les crystaux d'un lustre, de longues grappes de fleurs blanches, le lilas de Perse, qui élève droit en l'air ses girandoles gris de lin ; le papayer, dont le tronc sans branches, formé en colonne hérissée de melons verds, porte un chapiteau de larges feuilles, semblables à celles du figuier.

Il y avoit planté encore des pepins et des noyaux de badamiers, de manguiers, d'avocats, de goyaviers, de jacqs et de jam-roses. La plupart de ces arbres donnoient déjà, à leur jeune maître, de l'ombrage et des fruits. Sa main laborieuse avoit répandu la fécondité jusque dans les lieux les plus stériles de cet

enclos.

enclos. Diverses espèces d'aloès, la raquette chargée de fleurs jaunes fouettées de rouge, les cierges épineux, s'élevoient sur les têtes noires des roches, et sembloient vouloir atteindre aux longues lianes, chargées de fleurs bleues ou écarlates, qui pendoient çà et là, le long des escarpemens de la montagne.

Il avoit disposé ces végétaux de manière qu'on pouvoit jouir de leur vue à un seul coup d'œil. Il avoit planté au milieu de ce bassin, les herbes qui s'élèvent peu, ensuite les arbrisseaux, puis les arbres moyens, et enfin les grands arbres qui en bordoient la circonférence, de sorte que ce vaste enclos paroissoit de son centre, comme un amphithéâtre de verdure, de fruits et de fleurs, renfermant des plantes potagères, des lisières de prairies, et des champs de riz et de bled. Mais en assujettissant ces végétaux à son plan, il ne s'étoit pas écarté de celui de la nature. Guidé par ses indications, il avoit mis dans les lieux élevés, ceux dont les semences sont volatiles, et sur le bord des eaux, ceux dont les graines sont faites pour flotter. Ainsi, chaque végétal croissoit dans son site propre, et chaque site recevoit de son végétal sa parure naturelle. Les eaux, qui descendent du sommet de ces rochers, formoient au fond du vallon, ici des fontaines, là de larges miroirs qui répétoient, au milieu de la verdure, les arbres en fleurs, les rochers, et l'azur des cieux.

Malgré

Malgré la grande irrégularité de ce terrain, toutes, ces plantations étoient pour la plupart aussi accessibles au toucher qu'à la vue. A la vérité, nous l'aidions tous de nos conseils et de nos secours, pour en venir à bout. Il avoit pratiqué un sentier qui tournoit autour de ce bassin, et dont plusieurs rameaux venoient se rendre de la circonférence au centre. Il avoit tiré parti des lieux les plus raboteux, et accordé, par la plus heureuse harmonie, la facilité de la promenade avec l'aspérité du sol, et les arbres domestiques avec les sauvages. De cette énorme quantité de pierres roulantes qui embarrassent maintenant ces chemins, ainsi que la plupart du terrain de cette île, il avoit formé çà et là des pyramides, dans les assises desquelles il avoit mêlé de la terre et des racines de rosiers, de poinciliades et d'autres arbrisseaux qui se plaisent dans les roches. En peu de temps, ces pyramides sombres et brutes furent couvertes de verdure, ou de l'éclat des plus belles fleurs. Les ravins, bordés de vieux arbres inclinés sur leurs bords, formoient des souterrains voûtés, inaccessibles à la chaleur, où on alloit prendre le frais pendant le jour. Un sentier conduisoit dans un bosquet d'arbres sauvages, au centre duquel croissoit, à l'abri des vents, un arbre domestique chargé de fruits. Là, étoit une moisson, ici, un verger. Par cette avenue, on apercevoit les maisons, par cette autre, les sommets inaccessibles de la montagne. Sous un bocage touffu de tatamaques entrelacé de lianes, on ne distinguoit en plein midi aucun objet sur la pointe de ce grand rocher voisin qui sort de la montagne, on découvroit tous ceux de cet enclos, avec la mer au loin où apparoissoit quelquefois un vaisseau qui venoit de l'Europe, ou qui y retournoit. C'étoit sur ce rocher que ces familles se rassembloient le soir, et jouissoient en silence de la fraîcheur de l'air, du parfum des fleurs, du murmure des fontaines, et des dernieres harmonies de la lumière et des ombres.

Rien n'étoit plus agréable que les noms donnés à la plupart des retraites charmantes de ce labyrinthe Ce rocher, dont je viens de vous parler, d'où l'on me voyoit venir de bien loin, s'appeloit la *Découverte de l'Amitié* Paul et Virginie, dans leurs jeux, y avoient planté un bambou, au haut duquel ils élevoient un petit mouchoir blanc, pour signaler mon arrivée dès qu'ils m'apercevoient, ainsi qu'on élève un pavillon sur la montagne voisine, à la vue d'un vaisseau en mer   L'idée me vint de graver une inscription sur la tige de ce roseau. Quelque plaisir que j'aie eu dans mes voyages à voir une statue ou un monument de l'antiquité, j'en ai encore davantage à lire une inscription bien faite   Il me semble alors qu'une voix humaine sorte de la pierre, se fasse entendre à travers les siècles, et s'adressant à l'homme au milieu des déserts,

déserts, lui dise qu'il n'est pas seul , et que d'autres hommes, dans ces mêmes lieux, ont senti, pensé et souffert comme lui Que si cette inscription est de quelque nation ancienne qui ne subsiste plus, elle étend notre âme dans les champs de l'infini, et lui donne le sentiment de son immortalité, en lui montrant qu'une pensée a survécu à la ruine même d'un empire.

J'écrivis donc sur le petit mât de pavillon de Paul et de Virginie, ces vers d'Horace :

> . . . Fratres Helenæ, lucida sidera,
> Ventorumque regat pater,
> Obstrictis aliis, præter Iapyga.

" Que les frères d'Hélène, astres charmans comme " vous, et que le père des vents vous dirigent, et ne " fassent souffler que le zéphyre."

Je gravai ce vers de Virgile sur l'écorce d'un tatamaque, à l'ombre duquel Paul s'asseyoit quelquefois, pour regarder au loin la mer agitée :

> Fortunatus et ille deos qui novit agrestes !

" Heureux, mon fils, de ne connoître que les di- " vinités champêtres !"

Et cet autre au-dessus de la porte de la cabane de Madame de la Tour, qui étoit leur lieu d'assemblée :

> At secura quies, et nescia fallere vita.

" Ici

" Ici est une bonne conscience, et une vie qui ne
" sait pas tromper."

Mais Virginie n'approuvoit point mon Latin ; elle
disoit que ce que j'avois mis au pied de sa girouette
étoit trop long et trop savant. " J'eusse mieux aimé,"
ajouta t-elle, " *Toujours agitée, mais constante* "—
" Cette devise," lui répondis-je, "conviendroit encore
" mieux à la vertu." Ma réflexion la fit rougir.

Ces familles heureuses étendoient leurs âmes sensibles à tout ce qui les environnoit Elles avoient
donné les noms les plus tendres aux objets en apparence les plus indifférens Un cercle d'orangers et
de bananiers plantés en rond, autour d'une pelouse,
au milieu de laquelle Virginie et Paul alloient quelquefois danser, se nommoit *la Concorde* Un vieux
arbre à l'ombre duquel Madame de la Tour et Marguerite s'étoient raconté leurs malheurs, s'appeloit
les Pleurs Essuyés Elles faisoient porter les noms
de *Bretagne* et de *Normandie,* à de petites portions
de terre où elles avoient serré du bled, des fraises et
des pois Domingue et Marie, désirant, à l'imitation
de leurs maîtresse, se rappeler les lieux de leur naissance en appeloient *Angola* et *Foulepointe,*
deux endroits où croissoit l'herbe dont ils faisoient
des paniers, et où ils avoient planté un calebassier
Ainsi,

Ainsi, par ces productions de leurs climats, ces familles expatriées entretenoient les douces illusions de leur pays, et en calmoient les regrets dans une terre étrangère Hélas ! j'ai vu s'animer de mille appellations charmantes, les arbres, les fontaines, les rochers de ce lieu maintenant si bouleversé, et qui, semblable à un champ de la Grèce, n'offre plus que des ruines et des noms touchans

Mais de tout ce que renfermoit cette enceinte, rien n'étoit plus agréable que ce qu'on appeloit le *Repos de Virginie*. Au pied du rocher, la *Découverte de l'Amitié*, est un enfoncement, d'où sort une fontaine, qui forme, dès sa source, une petite flaque d'eau, au milieu d'un pré d'une herbe fine. Lorsque Marguerite eut mis Paul au monde, je lui fis présent d'un coco des Indes qu'on m'avoit donné. Elle planta ce fruit sur le bord de cette flaque d'eau, afin que l'arbre qu'il produiroit, servit un jour d'époque à la naissance de son fils. Madame de la Tour, à son exemple, y en planta un autre, dans une semblable intention, dès qu'elle eut accouché de Virginie Il naquit de ces deux fruits, deux cocotiers qui formoient toutes les archives de ces deux familles, l'un se nommoit l'arbre de Paul, et l'autre, l'arbre de Virginie. Ils crûrent tous deux, dans la même proportion que leurs jeunes maîtres, d'une hauteur un peu

peu inégale, mais qui surpassoit au bout de douze ans celles de leurs cabanes　Déjà, ils entrelaçoient leurs palmes, et laissoient pendre leurs jeunes grappes de cocos, au-dessus du bassin de la fontaine.　Excepté cette plantation, on avoit laissé cet enfoncement du rocher tel que la nature l'avoit orné　Sur ses flancs bruns et humides, rayonnoient en étoiles vertes et noires de larges capillaires, et flottoient au gré des vents des touffes de scolopendre, suspendues comme de longs rubans d'un vert pourpré.　Près de là, croissoient des lisières de perveiche, dont les fleurs sont presque semblables à celles de la giroflée rouge, et des pimens dont les gousses, couleur de sang, sont plus éclatantes que le corail.　Aux environs, l'herbe de baume dont les feuilles sont en cœur, et les basilics à odeur de girofle, exhaloient les plus doux parfums　Du haut de l'escarpement de la montagne, pendoient des lianes semblables à des draperies flottantes, qui formoient sur les flancs des rochers de grandes courtines de verdure.　Les oiseaux de mer, attirés par ces retraites paisibles, y venoient passer la nuit　Au cocher du soleil, on y voyoit voler, le long des rivages de la mer, le corbigeau et l'alouette marine; et au haut des airs, la noire frégate avec l'oiseau blanc du tropique, qui abandonnoient, ainsi que l'astre du jour, les solitudes de l'océan Indien. Virginie aimoit à se reposer sur les bords de cette

fontaine,

fontaine, décorés d'une pompe à la fois magnifique et sauvage. Souvent elle y venoit laver le linge de la famille à l'ombre des deux cocotiers. Quelquefois elle y menoit paître ses chèvres Pendant qu'elle préparoit des fromages avec leur lait, elle se plaisoit à les voir brouter les capillaires sur les flancs escarpés de la roche, et se tenir en l'air sur une de ses corniches, comme sur un piédestal. Paul, voyant que ce lieu étoit aimé de Virginie, y apporta de la forêt voisine, des nids de toutes sortes d'oiseaux. Les pères et les mères de ces oiseaux suivirent leurs petits, et vinrent s'établir dans cette nouvelle colonie. Virginie leur distribuoit de temps en temps des grains de riz, de maïs et de millet. Dès qu'elle paroissoit, les merles siffleurs, les bengalis, dont le ramage est si doux, les cardinaux, dont le plumage est couleur de feu, quittoient leurs buissons . des perruches vertes comme des émeraudes, descendoient des lataniers voisins · des perdrix accouroient sous l herbe tous s'avançoient pêle-mêle jusqu'à ses pieds, comme des poules Paul et elle s'amusoient avec transport de leurs jeux, de leurs appétits et de leurs amours.

Aimables enfans, vous passiez ainsi dans l'innocence vos premiers jours, en vous exerçant aux bienfaits ' Combien de fois, dans ce lieu, vos mères vous

serrant

serrant dans leurs bras, bénissoient le ciel de la consolation que vous prépariez à leur vieillesse, et de vous
voir entrer dans la vie, sous de si heureux auspices!
Combien de fois, à l ombre de ces rochers, ai-je
partagé avec elles vos repas champêtres, qui n'avoient
coûté la vie à aucun animal ! Des calebasses pleines
de lait, des œufs frais, des gâteaux de riz sur des
feuilles de bananiers, des corbeilles chargés de patates, de mangues, d'oranges, de grenades, de bananes, de dattes, d'ananas, offroient à la fois les mets
les plus sains, les couleurs les plus gaies et les sucs les
plus agréables.

La conversation étoit aussi douce et aussi innocente
que ces festins. Paul y parloit souvent des travaux
du jour et de ceux du lendemain. Il méditoit toujours quelque chose d utile pour la société. Ici, les
sentiers n étoient pas commodes , là, on étoit mal
assis , ces jeunes berceaux ne donnoient pas assez
d ombrage , Virginie seroit mieux là

Dans la saison pluvieuse, ils passoient le jour tous
ensemble dans la case, maîtres et serviteurs, occupés
à faire des nattes d herbe et des paniers de bambou.
On voyoit, rangés dans le plus grand ordre aux parois de la muraille, des râteaux, des haches, des
bêches, et auprès de ces instrumens de l'agriculture,
les

les productions qui en étoient les fruits, des sacs de riz, des gerbes de bled et des régimes de bananes. La délicatesse s'y joignoit toujours à l'abondance. Virginie, instruite par Marguerite et par sa mère, y préparoit des sorbets et des cordiaux, avec le jus des cannes à sucre, des citrons et des cédras.

La nuit venue, ils soupoient à la lueur d'une lampe, ensuite, Madame de la Tour ou Marguerite racontoient quelques histoires de voyageurs égarés la nuit dans les bois de l'Europe infestés de voleurs, ou le naufrage de quelque vaisseau jeté par la tempête sur les rochers d'une île déserte A ces récits, les âmes sensibles de leurs enfans s'enflammoient Ils prioient le ciel de leur faire la grâce d'exercer quelque jour l'hospitalité envers de semblables malheureux. Cependant les deux familles se séparoient pour aller prendre du repos, dans l'impatience de se revoir le lendemain Quelquefois elles s'endormoient au bruit de la pluie qui tomboit par torrens sur la couverture de leurs cases, ou à celui des vents, qui leur apportoient le murmure lointain des flots qui se brisoient sur le rivage Elles bénissoient Dieu de leur sécurité personnelle, dont le sentiment redoubloit par celui du danger éloigné.

De

De temps en temps, Madame de la Tour lisoit publiquement quelque histoire touchante de l'Ancien ou du Nouveau Testament Ils raisonnoient peu sur ces livres sacrés, car leur théologie étoit toute en sentiment, comme celle de la nature, et leur morale toute en action, comme celle de l'Evangile Ils n'avoient point de jours destinés aux plaisirs et d'autres à la tristesse. Chaque jour étoit pour eux un jour de fête, et tout ce qui les environnoit, un temple divin, où ils admiroient sans cesse une intelligence infinie, toute-puissante et amie des hommes Ce sentiment de confiance dans le pouvoir suprême, les remplissoit de consolation pour le passé, de courage pour le présent, et d'espérance pour l'avenir. Voilà comme ces femmes, forcées par le malheur de rentrer dans la nature, avoient développé en elles-mêmes et dans leurs enfans ces sentimens que donne la nature, pour nous empêcher de tomber dans le malheur.

Mais comme il s'élève quelquefois, dans l'âme la mieux réglée, des nuages qui la troublent; quand quelque membre de leur société paroissoit triste, tous les autres se réunissoient autour de lui, et l'enlevoient aux pensées amères, plus par des sentimens que par des réflexions. Chacun y employoit son caractère particulier, Marguerite, une gaieté vive, Madame
de

de la Tour, une théologie douce, Virginie, des caresses tendres, Paul, de la franchise et de la cordialité.
Marie et Domingue même venoient à son secours :
ils s'affligeoient, s'ils le voyoient affligé ; et ils pleuroient, s'ils le voyoient pleurer. Ainsi, des plantes
foibles s'entrelacent ensemble, pour résister aux ouragans.

Dans la belle saison, ils alloient tous les Dimanches
à la messe à l'église des Pamplemousses, dont vous
voyez le clocher là-bas dans la plaine. Il y venoit des
habitans riches, en palanquin, qui s'empressèrent
plusieurs fois de faire la connoissance de ces familles
si unies, et de les inviter à des parties de plaisir.
Mais elles repoussèrent toujours leurs offres avec hon-
nêteté et respect, persuadées que les gens puissans ne
recherchent les foibles que pour avoir des complaisans,
et qu'on ne peut être complaisant qu'en flattant les
passions d'autrui, bonnes et mauvaises D'un autre
côté, elles n'évitoient pas avec moins de soins l'ac-
cointance des petits habitans, pour l'ordinaire jaloux,
médisans et grossiers Elles passèrent d'abord auprès
des uns pour timides, et auprès des autres pour fières ;
mais leur conduite réservée étoit accompagnée de
marques de politesse si obligeantes, surtout envers les
misérables, qu'elles acquirent insensiblement le respect des riches et la confiance des pauvres.

E   Après

Après la messe, on venoit souvent les requérir de quelque bon office. C'étoit une personne affligée, qui leur demandoit des conseils, ou un enfant qui les prioit de passer chez sa mère malade, dans un des quartiers voisins Elles portoient toujours avec elles quelques recettes utiles aux maladies ordinaires aux habitans, et elles y joignoient la bonne grâce qui donne tant de prix aux petits services Elles réussis soient surtout à bannir les peines de l'esprit, si intolé-rables dans la solitude et dans un corps infirme. Ma-dame de la Tour parloit avec tant de confiance de la Divinité, que le malade, en l'écoutant, la croyoit présente. Virginie revenoit bien souvent de là, les yeux humides de larmes, mais le cœur rempli de joie ; car elle avoit eu l'occasion de faire du bien. C'étoit elle qui préparoit d'avance les remèdes néces saires aux malades, et qui les leur présentoit avec une grâce ineffable Après ces visites d'humanité, elles prolongeoient quelquefois leur chemin par la vallée de la Montagne Longue, jusque chez moi, où je les attendois à dîner, sur les bords de la petite rivière qui coule dans mon voisinage. Je me procurois, pour ces occasions, quelques bouteilles de vin vieux, afin d'augmenter la gaieté de nos repas Indiens, par ces douces et cordiales productions de l'Europe D'autres fois, nous nous donnions rendez-vous sur les bords de la mer à l'embouchure de quelques autres petites ri-vières,

vières, qui ne sont guère ici que de grands ruisseaux.
Nous y apportions, de l'habitation, des provisions vé-
gétales, que nous joignions à celles que la mer nous
fournissoit en abondance. Nous pêchions sur ses rivages, des cabots, des polypes, des rougets, des
langoustes, des chevrettes, des crabes, des oursins,
des huîtres et des coquillages de toute espèce. Les
sites les plus terribles nous procuroient souvent les
plaisirs les plus tranquilles. Quelquefois assis sur un
rocher, à l'ombre d'un veloutier, nous voyions les
flots du large venir se briser à nos pieds avec un
horrible fracas. Paul, qui nageoit d'ailleurs comme
un poisson, s'avançoit quelquefois sur les rescifs, au-
devant des lames, puis à leur approche, il fuyoit sur
le rivage, devant leurs grandes volutes écumeuses &
mugissantes qui le poursuivoient bien avant sur la
grève. Mais Virginie, à cette vue, jetoit des cris
perçans, et disoit que ces jeux-là lui faisoient
grand'peur.

Nos repas étoient suivis des chants et des danses
de ces deux jeunes gens. Virginie chantoit le bonheur de la vie champêtre, et les malheurs des gens
de mer, que l'avarice porte à naviguer sur un élé-
ment furieux, plutôt que de cultiver la terre qui
donne paisiblement tant de biens. Quelquefois, à la
manière des noirs, elle exécutoit avec Paul une pan-

tomime.

tomime   La pantomime est le premier langage de l homme, elle est connue de toutes les nations   Elle est si naturelle et si expressive, que les enfans des blancs ne tardent pas à l'apprendre, dès qu'ils ont vu ceux des noirs s'y exercer   Virginie, se rappelant, dans les lectures que lui faisoit sa mère, les histoires qui l'avoient le plus touchée, en rendoit les principaux événemens avec beaucoup de naïveté.   Tantôt, au son du tamtam de Domingue, elle se présentoit sur la pelouse, portant une cruche sur sa tête   Elle s'avançoit avec timidité à la source d'une fontaine voisine, pour y puiser de l'eau   Domingue et Marie, représentant les bergers de Madian, lui en défendoient l'approche, et feignoient de la repousser.   Paul accouroit à son secours, battoit les bergers, remplissoit la cruche de Virginie, et en la lui posant sur la tête, il lui mettoit en même temps une couronne de fleurs rouges de pervenche, qui relevoit la blancheur de son teint.   Alors me prêtant à leurs jeux, je me chargeois du personnage de Raguel, et j'accordois à Paul ma fille Séphora en mariage.

Une autre fois, elle représentoit l'infortunée Ruth, qui retourne veuve et pauvre dans son pays, où elle se trouve étrangère après une longue absence.   Domingue et Marie contrefaisoient les moissonneurs. Virginie feignoit de glaner çà et là, sur leurs pas, quelques

quelques épis de blé   Paul, imitant la gravité d'un patriarche, l'interrogeoit ; elle répondoit, en tremblant, à ses questions   Bientôt ému de pitié, il accordoit un asile à l'innocence, et l'hospitalité à l'infortune.   Il remplissoit le tablier de Virginie de toutes sortes de provisions, et l'amenoit devant nous, comme devant les anciens de la ville, en déclarant qu'il la prenoit en mariage malgré son indigence. Madame de la Tour, à cette scène, venant à se rappeler l'abandon où l'avoient laissée ses propres parens, son veuvage, la bonne réception que lui avoit faite Marguerite, suivie maintenant de l'espoir d'un mariage heureux entre leurs enfans, ne pouvoit s'empêcher de pleurer , et ce souvenir confus de maux et de biens, nous faisoit verser à tous des larmes de douleur et de joie.

Ces drames étoient rendus avec tant de vérité, qu'on se croyoit transporté dans les champs de la Syrie ou de la Palestine.   Nous ne manquions point de décorations, d'illuminations et d'orchestres convenables à ce spectacle   Le lieu de la scène étoit, pour l'ordinaire, au carrefour d'une forêt, dont les percés formoient autour de nous plusieurs arcades de feuillage.   Nous étions à leur centre, abrités de la chaleur, pendant toute la journée , mais quand le soleil étoit descendu à l'horizon, ses rayons brisés par

les

les troncs des arbres, divergeoient dans les ombres de la forêt, en longues gerbes lumineuses, qui produisoient le plus majestueux effet. Quelquefois, son disque tout entier paroissoit à l'extrémité d'une avenue, et la rendoit toute étincelante de lumière. Le feuillage des arbres éclairé en dessous de ses rayons safranés, brilloit des feux de la topaze et de l'émeraude. Leurs troncs mousseux et bruns paroissoient changés en colonnes de bronze antique, et les oiseaux, déjà retirés en silence sous la sombre feuillée pour y passer la nuit, surpris de revoir une seconde aurore, saluoient tous à la fois l'astre du jour, par mille et mille chansons

La nuit nous surprenoit bien souvent dans ces fêtes champêtres, mais la pureté de l'air, et la douceur du climat, nous permettoient de dormir sous un ajoupa, au milieu des bois, sans craindre d'ailleurs les voleurs ni de près ni de loin. Chacun le lendemain retournoit dans sa case, et la retrouvoit dans l'état où il l'avoit laissée Il y avoit alors tant de bonne foi et de simplicité dans cette île sans commerce, que les portes de beaucoup de maisons ne fermoient point à la clef, et qu'une serrure étoit un objet de curiosité pour plusieurs Créoles.

Mais il y avoit dans l'année des jours qui étoient, pour

pour Paul et pour Virginie, des jours de plus grande réjouissance, c'étoient les fêtes de leurs mères. Virginie ne manquoit pas, la veille, de pétrir et de cuire des gâteaux de farine de froment qu'elle envoyoit à de pauvres familles de blancs, nées dans l'île, qui n'avoient jamais mangé de pain d'Europe, et qui, sans aucun secours de noirs, réduites à vivre de manioc au milieu des bois, n'avoient, pour supporter la pauvreté, ni la stupidité qui accompagne l'esclavage, ni le courage qui vient de l'éducation. Ces gâteaux étoient les seuls présens que Virginie pût faire de l'aisance de l'habitation, mais elle y joignoit une bonne grâce qui leur donnoit un grand prix D'abord, c'étoit Paul qui étoit chargé de les porter lui-même à ces familles, et elles s'engageoient, en les recevant, de venir le lendemain passer la journée chez Madame de la Tour et Marguerite. On voyoit alors arriver une mère de famille avec deux ou trois misérables filles, jaunes, maigres, et si timides qu'elles n'osoient lever les yeux Virginie les mettoit bientôt à leur aise, elle leur servoit des rafraîchissemens, dont elle relevoit la bonté par quelque circonstance particulière qui en augmentoit, selon elle, l'agrément cette liqueur avo t été préparée par Marguerite; cette autre par sa mère, son frère avoit cueilli lui-même ce fruit au haut d'un arbre. Elle engageoit Paul à les faire danser. Elle ne les quittoit point qu'elle ne les vît contentes et satisfaites. Elle vouloit

E 4 qu'elles

qu'elles fussent joyeuses de la joie de sa famille. "On
" ne fait son bonheur," disoit-elle, " qu'en s'occupant
" de celui des autres." Quand elles s'en retournoient,
elle les engageoit d'emporter ce qui paroissoit leur
avoir fait plaisir, couvrant la nécessité d'agréer ses
présens du prétexte de leur nouveauté ou de leur sin-
gularité Si elle remarquoit trop de délabrement
dans leurs habits, elle choisissoit, avec l'agrément de
sa mère, quelques-uns des siens, et elle chargeoit
Paul d'aller secrètement les déposer à la porte de
leurs cases. Ainsi, elle faisoit le bien à l'exemple de
la Divinité, cachant la bienfaitrice et montrant le
bienfait.

Vous autres Européens, dont l'esprit se remplit dès
l'enfance de tant de préjugés contraires au bonheur,
vous ne pouvez concevoir que la nature puisse donner tant de lumières et de plaisirs Votre âme, cir-
conscrite dans une petite sphère de connoissances
humaines, atteint bientôt le terme de ses jouissances
artificielles ; mais la nature et le cœur sont inépuisa-
bles. Paul et Virginie n'avoient ni horloges, ni al-
manachs, ni livres de chronologie, d'histoire et de
philosophie Les périodes de leur vie se régloient
sur celles de la nature Ils connoissoient les heures
du jour, par l'ombre des arbres , les saisons, par les
temps où ils donnent leurs fleurs ou leurs fruits, et
les années par le nombre de leurs récoltes. Ces
douces

douces images répandoient les plus grands charmes dans leurs conversations. " Il est temps d'aller " dîner," disoit Virginie à la famille, "les ombres " des bananiers sont à leurs pieds." Ou bien "La " nuit s'approche, les tamarins ferment leurs feuilles." " Quand viendrez-vous nous voir," lui disoient quelques amies du voisinage ? " Aux cannes de sucre," répondoit Virginie. "Votre visite nous sera encore " plus douce et plus agréable," reprenoient ces jeunes filles. Quand on l'interrogeoit sur son âge et sur celui de Paul. " Mon frère," disoit-elle, "est de l'âge " du grand cocotier de la fontaine, et moi de celui " du plus petit. Les manguiers ont donné douze " fois leurs fruits, et les orangers vingt-quatre fois " leurs fleurs, depuis que je suis au monde." Leur vie sembloit attachée à celle des arbres, comme celle des faunes et des dryades. Ils ne connoissoient d'autres époques historiques que celles de la vie de leurs mères, d'autre chronologie que celle de leurs vergers, et d'autre philosophie que celle de faire du bien à tout le monde, et de se résigner à la volonté de Dieu.

Après tout, qu'avoient besoin ces jeunes gens d'être riches et savans à notre manière ? leurs besoins et leur ignorance ajoutoient encore à leur félicité. Il n'y avoit point de jours qu'ils ne se communiquassent quel-

quelques secours ou quelque lumière ; oui, des lumières : et quand il s'y seroit mêlé quelques erreurs,
l'homme pur n'en a point de dangereuses à craindre.
Ainsi croissoient ces deux enfans de la nature   Aucun souci n'avoit ridé leur front , aucune intempé-
rance n'avoit corrompu leur sang ; aucune passion
malheureuse n'avoit dépravé leur cœur : l'amour,
l'innocence, la piété, développoient chaque jour la
beauté de leur âme, en grâces ineffables, dans leurs
traits, leurs attitudes et leurs mouvemens.   Au matin de la vie, ils en avoient toute la fraîcheur . tels,
dans le jardin d'Eden, parurent nos premiers parens,
lorsque sortant des mains de Dieu, ils se virent, s'ap-
prochèrent, et conversèrent d'abord comme frère et
comme sœur   Virginie, douce, modeste, confiante
comme Eve , et Paul, semblable à Adam, ayant la
taille d'un homme, avec la simplicité d'un enfant.

Quelquefois seul avec elle (il me l'a mille fois raconté), il lui disoit au retour de ses travaux . "Lors-
" que je suis fatigué, ta vue me délasse. Quand, du
" haut de la montagne, je t'aperçois au fond de ce
" vallon, tu me parois au milieu de nos vergers
" comme un bouton de rose. Si tu marches vers la
" maison de nos mères, la perdrix qui court vers ses
" petits, a un corsage moins beau et une démarche
" moins légère. Quoique je te perde de vue à travers les
arbres,

" arbres, je n'ai pas besoin de té voir pour te retrou-
" ver , quelque chose de toi, que je ne puis dire, reste
" pour moi dans l'air où tu passes, sur l'herbe où tu
" t'assieds. Lorsque je t'approche, tu ravis tous mes
" sens L'azur du ciel est moins beau que le bleu de
" tes yeux, le chant des bengalis, moins doux que le son
" de ta voix. Si je te touche seulement du bout du
" doigt, tout mon corps frémit de plaisir. Souviens-toi
" du jour où nous passâmes à travers les caillous rou-
" lans de la rivière des Trois Mamelles. En arri-
" vant sur ses bords, j'étois déjà bien fatigué ; mais
" quand je t'eus pris sur mon dos, il me sembloit que
" j'avois des ailes comme un oiseau. Dis-moi par quel
" charme tu as pu m'enchanter. Est-ce par ton
" esprit? mais nos mères en ont plus que nous deux.
" Est-ce par tes caresses? mais elles m'embrassent
" plus souvent que toi. Je crois que c'est par ta
" bonté. Je n'oublierai jamais que tu as marché
" nu-pieds jusqu'à la Rivière Noire pour demander
" la grâce d'un pauvre esclave fugitive. Tiens, ma
" bien-aimée, prends cette branche fleurie de citron-
' nier, que j'ai cueillie dans la forêt ; tu la mettras
" la nuit près de ton lit Mange ce rayon de miel :
" je l'ai pris pour toi au haut d'un rocher. Mais au-
" paravant, repose-toi sur mon sein, et je serai dé-
" lassé "

Virginie lui répondoit " O mon frère! les
" rayons

" rayons du soleil au matin, au haut de ces rochers,
" me donnent moins de joie que ta présence. J'aime
" bien ma mère, j'aime bien la tienne, mais quand
" elles t'appellent *mon fils*, je les aime encore davan-
" tage.   Les caresses qu'elles te font, me sont plus
" sensibles que celles que j'en reçois.   Tu me de-
" mandes pourquoi tu m'aimes, mais tout ce qui a
" été élevé ensemble, s'aime   Vois nos oiseaux;
" élevés dans les mêmes nids, ils s'aiment comme
" nous; ils sont toujours ensemble comme nous.
" Ecoute comme ils s'appellent et se répondent d'un
" arbre à l'autre   De même, quand l'écho me fait
" entendre les airs que tu joues sur ta flûte au haut
" de la montagne, j'en répète les paroles au fond de
" ce vallon.   Tu m'es cher, surtout depuis le jour où
" tu voulois te battre pour moi contre le maître de
" l'esclave.   Depuis ce temps-là, je me suis dit bien
" des fois. Ah ! mon frère a un bon cœur ; sans lui,
" je serois morte d'effroi.   Je prie Dieu tous les
" jours, pour ma mère, pour la tienne, pour toi, pour
" nos pauvres serviteurs, mais quand je prononce
" ton nom, il me semble que ma dévotion augmente.
" Je demande si instamment à Dieu qu'il ne t'arrive
" aucun mal! Pourquoi vas-tu si loin et si haut me
" chercher des fruits et des fleurs ? n'en avons-nous
" pas assez dans le jardin ? Comme te voilà fatigué,
" tu es tout en nage." Et avec son petit mouchoir
                                              blanc,

blanc, elle lui essuyoit le front et les joues, et elle lui donnoit plusieurs baisers.

Cependant, depuis quelque temps, Virginie se sentoit agitée d'un mal inconnu Ses beaux yeux bleus se marbroient de noir, son teint jaunissoit, une langueur universelle abattoit son corps. La sérénité n'étoit plus sur son front, ni le sourire sur ses lèvres. On la voyoit tout à coup gaie sans joie, et triste sans chagrin. Elle fuyoit ses jeux innocens, ses doux travaux, et la société de sa famille bien-aimée. Elle erroit çà & là, dans les lieux les plus solitaires de l'habitation, cherchant partout du repos et ne le trouvant nulle part. Quelquefois, à la vue de Paul, elle alloit vers lui en folâtrant, puis tout à coup, près de l'aborder, un embarras subit la saisissoit, et un rouge vif coloroit ses joues pâles, et ses yeux n'osoient plus s'arrêter sur les siens. Paul lui disoit : " La ver-
" dure couvre ces rochers, nos oiseaux chantent
" quand ils te voient Tout est gai autour de toi,
" toi seule es triste " Et il cherchoit à la ranimer, en l'embrassant, mais elle détournoit la tête, et fuyoit tremblante vers sa mère. L'infortunée se sentoit troublée par les caresses de son frère. Paul ne comprenoit rien à des caprices si nouveaux et si étranges. Un mal n'arrive guère seul.

Un

Un de ces étés, qui désolent de temps à autre les terres situées entre les tropiques, vint étendre ici ses ravages. C'étoit vers la fin de Décembre, lorsque le soleil au Capricorne échauffe, pendant trois semaines, l'île de France de ses feux verticaux. Le vent de Sud-Est, qui y règne presque toute l'année, n'y souffloit plus. De longs tourbillons de poussière s'élevoient sur les chemins, et restoient suspendus en l'air. La terre se fendoit de toutes parts, l'herbe étoit brûlée ; des exhalaisons chaudes sortoient du flanc des montagnes, et la plupart de leurs ruisseaux étoient desséchés. Aucun nuage ne venoit du côté de la mer. Seulement pendant le jour, des vapeurs rousses s'élevoient de dessus ses plaines, et paroissoient, au coucher du soleil, comme les flammes d'un incendie. La nuit même n'apportoit aucun rafraîchissement à l'atmosphère embrasée. L'orbe de la lune tout rouge, se levoit dans un horizon embrumé d'une grandeur démesurée. Les troupeaux abattus sur les flancs des collines, le cou tendu vers le ciel, aspirant l'air, faisoient retentir les vallons de tristes mugissemens. Le Cafre même, qui les conduisoit, se couchoit sur la terre, pour y trouver de la fraîcheur. Partout le sol étoit brûlant, et l'air étouffant retentissoit du bourdonnement des insectes qui cherchoient à se désaltérer dans le sang des hommes et des animaux.

Dans

Dans une de ces nuits ardentes, Virginie sentit redoubler tous les symptômes de son mal. Elle se levoit, elle s'asseyoit, elle se recouchoit, et ne trouvoit
dans aucune attitude, ni le sommeil, ni le repos.
Elle s'achemine, à la clarté de la lune, vers sa fontaine.
Elle en aperçoit la source, qui, malgré la sécheresse,
couloit encore en filets d'argent sur les flancs bruns
du rocher Elle se plonge dans son bassin. D'abord,
la fraîcheur ranime ses sens, et mille souvenirs
agréables se présentent à son esprit. Elle se rap-
pelle que, dans son enfance, sa mère et Marguerite
s'amusoient à la baigner avec Paul, dans ce même
lieu, que Paul ensuite, réservant ce bain pour elle
seule, en avoit creusé le lit, couvert le fond de sable,
et semé sur ses bords des herbes aromatiques. Elle
entrevoit dans l'eau, sur ses bras nuds et sur son sein,
les reflets des deux palmiers plantés à la naissance de
son frère et à la sienne, qui entrelaçoient au-dessus
de sa tête leurs rameaux verts et leurs jeunes cocos.
Elle pense à l'amitié de Paul, plus douce que les parfums, plus pure que l'eau des fontaines, plus forte que
les palmiers unis; et elle soupire. Elle songe à la
nuit à la solitude, et un feu dévorant la saisit. Aussitôt elle sort, effrayée, de ces dangereux ombrages,
et de ces eaux plus brûlantes que les soleils de la
zone torride Elle court auprès de sa mère chercher
un appui contre elle-même. Plusieurs fois, voulant

lui

lui raconter ses peines, elle lui pressa les mains dans
les siennes, plusieurs fois, elle fut près de prononcer
le nom de Paul, mais son cœur oppressé laissa sa
langue sans expression, et posant sa tête sur le sein
maternel, elle ne put que l'inonder de ses larmes.

Madame de la Tour pénétroit bien la cause du mal
de sa fille, mais elle n'osoit elle-même lui en parler.
" Mon enfant," lui disoit-elle, " adresse-toi à Dieu
" qui dispose à son gré de la santé et de la vie. Il
" t'éprouve aujourd'hui, pour te récompenser demain.
" Songe que nous ne sommes sur la terre, que pour
" exercer la vertu."

Cependant, ces chaleurs excessives élevèrent de
l'océan, des vapeurs qui couvrirent l'île comme un
vaste parasol　Les sommets des montagnes les rassembloient autour d'eux, et de longs sillons de feu
sortoient de temps en temps de leurs pitons embru-
més　Bientôt des tonnerres affreux firent retentir
de leurs éclats, les bois, les plaines et les vallons, des
pluies épouvantables, semblables à des cataractes,
tombèrent du ciel　Des torrens écumeux se précipi-
toient le long des flancs de cette montagne, le fond
de ce bassin étoit devenu une mer, le plateau, où
sont assises les cabanes, une petite île, et l'entrée de
ce vallon, une écluse, par où sortoient, pêle-mêle,

avec

avec les eaux mugissantes, les terres, les arbres et les rochers.

Toute la famille, tremblante, prioit Dieu dans la case de Madame de la Tour, dont le toit craquoit horriblement par l'effort des vents Quoique la porte et les contrevents en fussent bien fermés, tous les objets s'y distinguoient à travers les jointures de la charpente, tant les éclairs étoient vifs et fréquens. L'intrépide Paul, suivi de Domingue, alloit d'une case à l'autre, malgré la fureur de la tempête, assurant ici une paroi avec un arc-boutant, et enfonçant là un pieu, il ne rentroit que pour consoler la famille par l'espoir prochain du retour du beau temps. En effet, sur le soir, la pluie cessa , le vent alizé du Sud-Est reprit son cours ordinaire, les nuages orageux furent jetés vers le Nord-Ouest, et le soleil couchant parut à l'horizon.

Le premier désir de Virginie fut de revoir le lieu de son repos. Paul s'approcha d'elle d'un air timide, et lui présenta son bras pour l'aider à marcher. Elle l'accepta en souriant, et ils sortirent ensemble de la case L'air étoit frais et sonore. Des fumées blanches s'élevoient sur les croupes de la montagne sillonnée çà et là de l'écume des torrens qui tarissoient de tous côtés. Pour le jardin, il étoit tout

F   bouleversé

bouleversé par d'affreux ravins ; la plupart des arbres
fruitiers avoient leurs racines en haut, de grands
amas de sables couvroient les lisières des prairies et
avoient comblé le bain de Virginie. Cependant,
les deux cocotiers étoient debout & bien verdoyans.
Mais il n'y avoit plus aux environs, ni gazons, ni
berceaux, ni oiseaux, excepté quelques bengalis, qui,
sur la pointe des rochers voisins, déploroient par des
chants plaintifs, la perte de leurs petits.

A la vue de cette désolation, Virginie dit à Paul ;
" Vous aviez apporté ici des oiseaux, l'ouragan les a
" tués, vous aviez planté ce jardin, il est détruit
" Tout périt sur la terre ; il n'y a que le ciel qui ne
" change point." Paul lui répondit : " Que ne puis
" je vous donner quelque chose du ciel ' mais je ne
" possède rien même sur la terre." Virginie reprit,
en rougissant ; " Vous avez à vous le portrait de Saint
" Paul " A peine eut-elle parlé, qu'il courut le chercher dans la case de sa mère Ce portrait étoit une
petite miniature, représentant l'hermite Paul. Marguerite y avoit une grande dévotion. Elle l'avoit
porté long-temps suspendu à son cou, étant fille, en
suite, devenue mère, elle l'avoit mis à celui de son
enfant. Il étoit même arrivé qu'étant enceinte de
lui, et délaissée de tout le monde, à force de contem-
pler l'image de ce bienheureux solitaire, son fruit en

avoit

avoit contracté quelque ressemblance, ce qui l'avoit
décidée à lui en faire porter le nom, et à lui donner
pour patron un saint qui avoit passé sa vie loin des
hommes qui l'avoient abusée, puis abandonnée.
Virginie, en recevant ce petit portrait des mains de
Paul, lui dit d'un ton ému : " Mon frère, il ne me
" sera jamais enlevé tant que je vivrai, et je n'oublie-
" rai jamais que tu m'as donné la seule chose que tu
" possèdes au monde." A ce ton d'amitié, à ce retour inespéré de familiarité et de tendresse, Paul voulut l'embrasser ; mais aussi légère qu'un oiseau, elle
lui échappa, et le laissa hors de lui, ne concevant rien
à une conduite si extraordinaire.

Cependant Marguerite disoit à Madame de la
Tour " Pourquoi ne marions-nous pas nos enfans ?
" Ils ont l'un pour l'autre une passion extrême, dont
" mon fils ne s'aperçoit pas encore. Lorsque la na-
" ture lui aura parlé, en vain nous veillons sur eux ;
" tout est à craindre " Madame de la Tour lui répondit · " Ils sont trop jeunes et trop pauvres.
" Quel chagrin pour nous, si Virginie mettoit au
" monde des enfans malheureux, qu'elle n'auroit
" peut-être pas la force d'élever ! Ton noir Domin-
" gue est bien cassé ; Marie est infirme. Moi-
" même, chère amie, depuis quinze ans, je me sens

" fort

" fort affoiblie   On vieillit promptement dans les
" pays chauds, et encore plus vîte dans le chagrin.
" Paul est notre unique espérance.   Attendons que
" l'âge ait formé son tempérament, et qu'il puisse
" nous soutenir par son travail.   A présent, tu le
" sais, nous n'avons guère que le nécessaire de chaque
" jour.   Mais, en faisant passer Paul dans l'Inde
" pour un peu de temps, le commerce lui fournira
" de quoi acheter quelque esclave; et à son retour
" ici, nous le marierons à Virginie, car je crois que
" personne ne peut rendre ma chère fille aussi heu-
" reuse que ton fils Paul.   Nous en parlerons à notre
" voisin."

En effet ces dames me consultèrent, et je fus de leur
avis.   " Les mers de l'Inde sont belles," leur dis-je.
" En prenant une saison favorable pour passer d'ici
" aux Indes, c'est un voyage de six semaines au plus
" et d'autant de temps pour en revenir   Nous ferons
" dans notre quartier une pacotille à Paul, car j'ai
" des voisins qui l'aiment beaucoup.   Quand nous
" ne lui donnerions que du coton brut, dont nous
" ne faisons aucun usage, faute de moulins pour
" l'éplucher, du bois d'ébène, si commun ici qu'il
" sert au chauffage, et quelques résines, qui se per-
" dent dans nos bois, tout cela se vend assez bien
" aux Indes, et nous est fort inutile ici."

Je

Je me chargeai de demander à M de la Bourdonnais, une permission d'embarquement pour ce voyage, et avant tout, je voulus en prévenir Paul ; mais quel fut mon étonnement, lorsque ce jeune homme me dit avec un bon sens fort au-dessus de son âge : " Pour-
" quoi voulez-vous que je quitte ma famille, pour je
" ne sais quel projet de fortune ? Y a-t-il un com-
" merce au monde plus avantageux que la culture
" d'un champ qui rend quelquefois cinquante et cent
" pour un ? Si nous voulons faire le commerce, ne
" pouvons-nous pas le faire en portant notre super-
" flu d'ici à la ville, sans que j'aille courir aux Indes ?
" Nos mères me disent que Domingue est vieux et
" cassé, mais moi, je suis jeune, et je me renforce
" chaque jour. Il n'a qu'à leur arriver pendant
" mon absence quelque accident, surtout à Virginie,
" qui est déjà souffrante. Oh, non, non, je ne
" saurois me résoudre à les quitter "

Sa réponse me jeta dans un grand embarras ; car Madame de la Tour ne m'avoit pas caché l'état de Virginie, et le désir qu'elle avoit de gagner quelques années sur l'âge de ces jeunes gens en les éloignant l'un de l'autre C'étoient des motifs que je n'osois même faire soupçonner à Paul.

Sur ces entrefaites, un vaisseau arrivé de France apporta à Madame de la Tour une lettre de sa tante.

La crainte de la mort, sans laquelle les cœurs durs ne seroient jamais sensibles, l'avoit frappée.   Elle sortoit d'une grande maladie, dégénérée en langueur, et que l'âge rendoit incurable.   Elle mandoit à sa nièce de repasser en France ; ou, si sa santé ne lui permettoit pas de faire un si long voyage, elle lui enjoignoit d'y envoyer Virginie, à laquelle elle destinoit une bonne éducation, un parti à la cour, et la donation de tous ses biens.   Elle attachoit, disoit-elle, le retour de ses bontés à l'exécution de ses ordres.

' A peine cette lettre fut lue dans la famille, qu'elle y répandit la consternation.   Domingue et Marie se mirent à pleurer.   Paul, immobile d'étonnement, paroissoit prêt à se mettre en colère   Virginie, les yeux fixés sur sa mère, n'osoit proférer un mot. " Pourriez-vous nous quitter maintenant ?" dit Marguerite à Madame de la Tour.   " Non, mon amie; " non, mes enfans," reprit Madame de la Tour " je ne vous quitterai point.   J'ai vécu avec vous, " et c'est avec vous que je veux mourir.   Je n'ai " connu le bonheur que dans votre amitié.   Si ma " santé est dérangée, d'anciens chagrins en sont " cause.   J'ai été blessée au cœur par la dureté de " mes parens et par la perte de mon cher époux. " Mais depuis, j'ai goûté plus de consolation et de " félicité avec vous, sous ces pauvres cabanes, que

jamais

" jamais les richesses de ma famille ne m'en ont fait
" même espérer dans ma patrie."

A ce discours, des larmes de joie coulèrent de tous
les yeux. Paul, serrant Madame de la Tour dans ses
bras, lui dit · " Je ne vous quitterai pas non plus.
" Je n'irai pont aux Indes. Nous travaillerons tous
" pour vous, chère maman ; rien ne vous manquera
" jamais avec nous " Mais de toute la société, la
personne qui témoigna le moins de joie et qui y fut
le plus sensible, fut Virginie Elle fut le reste du jour
d'une gaieté douce, et le retour de sa tranquillité mit
le comble à la satisfaction générale.

Le lendemain, au lever du soleil, comme ils venoient
de faire tous ensemble, suivant leur coutume, la prière
du matin, qui précédoit le déjeuné, Domingue les aver-
tit qu'un Monsieur à cheval, suivi de deux esclaves,
s'avançoit vers l'habitation. C'étoit M. de la Bourdonnais. Il entra dans la case, où toute la famille
étoit à table. Virginie venoit de servir, suivant l'usage
du pays, du café et du riz cuit à l'eau Elle y avoit joint
des patates chaudes, et des bananes fraîches. Il y a-
voit pour toute vaisselle des moitiés de calebasse, et
pour linge, des feuilles de bananier Le gouverneur témoigna d'abord quelque étonnement de la pauvreté de
cette demeure. Ensuite, s'adressant à Madame de la

F 4 Tour,

Tour, il lui dit que les affaires générales l'empê-
choient quelquefois de songer aux particulières,
mais qu'elle avoit bien des droits sur lui " Vous
" avez," ajouta-t-il, "Madame, une tante de qua-
" lité et fort riche à Paris, qui vous réserve sa for-
" tune, et vous attend auprès d'elle." Madame de
la Tour répondit au gouverneur, que sa santé altérée
ne lui permettoit pas d'entreprendre un si long voyage.
" Au moins," reprit M. de la Bourdonnais, " pour
" Mademoiselle votre fille, si jeune et si aimable,
" vous ne sauriez, sans injustice, la priver d'une si
" grande succession. Je ne vous cache pas que votre
" tante a employé l'autorité pour la faire venir au-
" près d'elle. Les bureaux m'ont écrit à ce sujet,
" d'user, s'il le falloit, de mon pouvoir; mais ne
" l'exerçant que pour rendre heureux les habitans de
" cette colonie, j'attends de votre volonté seule un
" sacrifice de quelques années, d'où dépend l'établis-
" sement de votre fille et le bien-être de toute votre
" vie Pourquoi vient-on aux îles ? n'est-ce pas
" pour y faire fortune ? N'est-il pas bien plus agréa-
" ble de l'aller retrouver dans sa patrie ?"

En disant ces mots, il posa sur la table un gros sac
de piastres que portoit un de ses noirs. "Voilà,"
ajouta-t-il, " ce qui est destiné aux préparatifs de
" voyage de Mademoiselle votre fille, de la part de
votre

" votre tante." Ensuite il finit par reprocher avec bonté à Madame de la Tour de ne s'être pas adressée à lui dans ses besoins, en la louant cependant de son noble courage Paul aussitôt prit la parole, et dit au gouverneur. " Monsieur, ma mère s'est adressée à " vous, et vous l'avez mal reçue."—" Avez-vous un " autre enfant, Madame ?" dit M. de la Bourdonnais à Madame de la Tour.—" Non, Monsieur," reprit-elle , " celui-ci est le fils de mon amie : mais lui et " Virginie nous sont communs, et également chers " " Jeune homme," dit le gouverneur à Paul, " quand " vous aurez acquis l'expérience du monde, vous con- " noîtrez le malheur des gens en place , vous sau- " rez combien il est facile de les prévenir , combien " aisément ils donnent au vice intrigant ce qui ap- " partient au mérite qui se cache."

M de la Bourdonnais, invité par Madame de la Tour, s'assit à table auprès d'elle Il déjeuna, à la manière des Créoles, avec du café mêlé avec du riz cuit à l'eau. Il fut charmé de l'ordre et de la pro- preté de ces deux familles charmantes, et du zèle même de leurs vieux domestiques. " Il n'y a," dit- il, " ici que des meubles de bois , mais on y trouve " des visages sereins et des cœurs d'or " Paul, charmé de la popularité du gouverneur, lui dit " Je " desire être votre ami , car vous êtes un honnête " homme."

" homme." M. de la Bourdonnais reçut avec plaisir cette marque de cordialité insulaire. Il embrassa
Paul en lui serrant la main, et l'assura qu'il pouvoit
compter sur son amitié.

Après déjeuné, il prit Madame de la Tour en particulier, et lui dit qu'il se présentoit une occasion
prochaine d'envoyer sa fille en France sur un vaisseau
prêt à partir, qu'il la recommanderoit à une dame de
ses parentes qui y étoit passagère ; qu'il falloit bien
se garder d'abandonner une fortune immense pour
une satisfaction de quelques années. "Votre tante,"
ajouta-t-il en s'en allant, " ne peut pas traîner plus
" de deux ans. Ses amis me l'ont mandé Songez-
" y bien. La fortune ne vient pas tous les jours.
" Consultez-vous. Tous les gens de bon sens seront
" de mon avis " Elle lui répondit " que ne dési-
" rant désormais d'autre bonheur dans le monde que
" celui de sa fille, elle laisseroit son départ pour la
" France entièrement à sa disposition."

Madame de la Tour n'étoit pas fâchée de trouver
une occasion de séparer, pour quelque temps, Virginie et Paul, en procurant un jour leur bonheur mu-
tuel. Elle prit donc sa fille à part, et lui dit : "Mon
" enfant, nos domestiques sont vieux ; Paul est bien
" jeune, Marguerite vient sur l âge, je suis déjà in-
" firme ;

" firme ; si j'allois mourir, que deviendriez-vous,
" sans fortune, au milieu de ces déserts ? Vous res-
" teriez donc seule, n'ayant personne qui puisse vous
" être d'un grand secours, et obligée, pour vivre, de
" travailler sans cesse à la terre comme une merce-
" naire. Cette idée me pénètre de douleur." Virginie lui répondit · " Dieu nous a condamnés au tra-
" vail. Vous m'avez appris à travailler, et à le bé-
" nir chaque jour. Jusqu'à présent il ne nous a point
" abandonnés, il ne nous abandonnera point encore:
" Sa Providence veille particulièrement sur les mal-
" heureux. Vous me l'avez dit tant de fois, ma
" mère ! Je ne saurois me résoudre à vous quitter."
Madame de la Tour, émue, reprit " Je n'ai d'autre
" projet que de te rendre heureuse, et de te marier
" un jour avec Paul qui n'est point ton frère. Songe
" maintenant que sa fortune dépend de toi."

Une jeune fille qui aime, croit que tout le monde
l'ignore Elle met sur ses yeux le voile qu'elle a sur
son cœur, mais quand il est soulevé par une main
amie, alors les peines secrètes de son amour s'échap-
pent comme par une barrière ouverte, et les doux
epanchemens de la confiance succèdent aux réserves
et aux mystères dont elle s'environnoit. Virginie,
sensible aux nouveaux témoignages de bonté de sa
mère, lui raconta quels avoient été ses combats qui
n'avoient

n'avoient eu d'autre témoin que Dieu seul ; qu'elle voyoit le secours de sa Providence dans celui d'une mère tendre qui approuvoit son inclination, et qui la dirigeroit par ses conseils , que maintenant appuyée de son support, tout l'engageoit à rester auprès d'elle, sans inquiétude pour le présent, et sans crainte pour l'avenir.

Madame de la Tour, voyant que sa confidence avoit produit un effet contraire à celui qu'elle en attendoit, lui dit . " Mon enfant, je ne veux point te " contraindre , délibère à ton aise, mais cache ton " amour à Paul Quand le cœur d'une fille est pris, " son amant n'a plus rien à lui demander."

Vers le soir, comme elle étoit seule avec Virginie, il entra chez elle un grand homme vêtu d'une soutane bleue. C'étoit un ecclésiastique missionnaire de l'île, et confesseur de Madame de la Tour et de Virginie. Il étoit envoyé par le gouverneur. "Mes " enfans," dit-il, en entrant, " Dieu soit loué ! vous " voilà riches. Vous pourrez écouter votre bon " cœur, faire du bien aux pauvres. Je sais ce que " vous a dit M de la Bourdonnais, et ce que vous " lui avez répondu Bonne maman, votre santé " vous oblige de rester ici , mais vous, jeune demoi- " selle, vous n'avez point d'excuse. Il faut obéir à " la

« la Providence, à nos vieux parens, même injustes.
« C'est un sacrifice, mais c'est l'ordre de Dieu.   Il
« s'est dévoué pour nous.   Il faut, à son exemple, se
« dévouer pour le bien de sa famille,   Votre voyage
« en France aura une fin heureuse   Ne voulez-vous
« pas bien y aller, ma chère demoiselle ?"

Virginie, les yeux baissés, lui répondit en tremblant   " Si c'est l'ordre de Dieu, je ne m'oppose à
" rien   Que la volonté de Dieu soit faite !" dit-elle
en pleurant.

Le missionnaire sortit, et fut rendre compte au
gouverneur du succès de sa commission. Cependant,
Madame de la Tour m'envoya prier, par Domingue,
de passer chez elle, pour me consulter sur le départ de
Virginie.   Je ne fus point du tout d'avis qu'on la
laissât partir.   Je tiens pour principes certains du
bonheur, qu'il faut préférer les avantages de la nature à tous ceux de la fortune, et que nous ne devons
point aller chercher hors de nous ce que nous pouvons trouver chez nous.   J'étends ces maximes à tout,
sans exception.   Mais que pouvoient mes conseils de
modération contre les illusions d'une grande fortune,
et mes raisons naturelles contre les préjugés du
monde et une autorité sacrée pour Madame de la
Tour ? Cette dame ne me consulta donc que par
bien-

bienséance, et elle ne délibéra plus, depuis la décí-
sion de son confesseur. Marguerite même, qui, malgré les avantages qu'elle espéroit pour son fils de la
fortune de Virginie, s'étoit opposée fortement à son
départ, ne fit plus d'objections. Pour Paul, qui ignoroit le parti auquel on se détermineroit, étonné des
conversations secrètes de Madame de la Tour et de
sa fille, il s'abandonnoit à une· tristesse sombre.
" On trame quelque chose contre moi," disoit-il,
" puisqu'on se cache de moi."

Cependant, le bruit s'étant répandu dans l'île que
la fortune avoit visité ces rochers, on y vit grimper
des marchands de toute espèce. Ils déployèrent au
milieu de ces pauvres cabanes, les plus riches étoffes
de l'Inde ; les superbes basins de Goudelour, des
mouchoirs de Paliacate et de Mazulipatan, des mous-
selines de Daca, unies, rayées, brodées, transparentes
comme le jour, des baftas de Surate d'un si beau
blanc, des chittes de toutes couleurs, et des plus rares
à fond sablé et à rameaux verts. Ils déroulèrent de
magnifiques étoffes de soie de la Chine, des lampas
découpés à jour, des damas d'un blanc satiné, d'autres
d'un vert de prairie, d'autres d'un rouge à éblouir,
des taffetas rose, des satins à pleine main, des pékins
moelleux comme le drap, des nankins blancs et
jaunes, et jusqu'à des pagnes de Madagascar.
Madame

Madame de la Tour voulut que sa fille achetât tout ce qui lui feroit plaisir , elle veilla seulement sur les prix et les qualités des marchandises, de peur que les marchands ne la trompassent. Virginie choisit tout ce qu'elle crut être agréable à sa mère, à Marguerite et à son fils " Ceci," disoit-elle, " étoit " bon pour des meubles, cela pour l'usage de Marie " et de Domingue." Enfin le sac de piastres étoit employé, qu'elle n'avoit pas encore songé à ses besoins Il fallut lui faire son partage sur les présens qu'elle avoit distribués à la société.

Paul, pénétré de douleur à la vue de ces dons de la fortune qui lui présageoient le départ de Virginie, s'en vint quelques jours après chez moi. Il me dit d'un air accablé " Ma sœur s'en va : elle fait déjà " les apprêts de son voyage. Passez chez nous, je " vous prie. Employez votre crédit sur l'esprit de sa " mère et de la mienne, pour la retenir " Je me rendis aux instances de Paul, quoique bien persuadé que mes représentations seroient sans effet.

Si Virginie m'avoit paru charmante en toile bleue du Bengale, avec un mouchoir rouge autour de sa tête, ce fut encore toute autre chose quand je la vis parée à la manière des dames de ce pays. Elle étoit vêtue de mousseline blanche, doublée de taffetas rose.

rose   Sa taille légère et élevée se dessinoit parfaitement sous son corset, et ses cheveux blonds, tressés
à double tresse, accompagnoient admirablement sa
tête virginale.   Ses beaux yeux bleus étoient remplis
de mélancolie, et son cœur, agité par une passion
combattue, donnoit à son teint une couleur animée,
et à sa voix des sons pleins d'émotion.   Le contraste
même de sa parure élégante qu'elle sembloit porter
malgré elle, rendoit sa langueur encore plus touchante.   Personne ne pouvoit la voir ni l'entendre,
sans se sentir ému.   La tristesse de Paul en augmen-
ta.   Marguerite, affligée de la situation de son fils,
lui dit en particulier · " Pourquoi, mon fils, te nour-
" rir de fausses espérances, qui rendent les privations
" encore plus amères ? Il est temps que je te dé-
" couvre le secret de ta vie et de la mienne   Made-
" moiselle de la Tour appartient, par sa mère, à une
" parente riche et de grande condition.   Pour toi,
" tu n'es que le fils d'une pauvre paysanne, et qui
" pis est, tu es bâtard "

Ce mot de bâtard étonna beaucoup Paul.   Il ne
l'avoit jamais ouï prononcer · il en demanda la signification à sa mère, qui lui répondit . " Tu n'as point
" eu de père légitime   Lorsque j'étois fille, l'amour
" me fit commettre une foiblesse dont tu as été le
" fruit.   Ma faute t'a privé de ta famille paternelle
et

" et mon repentir de ta famille maternelle Infor-
" tuné, tu n'as d'autres parens que moi seule dans le
" monde." Et elle se mit à répandre des larmes.
Paul, la serrant dans ses bras, lui dit   " O ma
" mère ' puisque je n'ai d'autres parens que vous
" dans le monde, je vous en aimerai davantage.
" Mais quel secret venez-vous de me révéler ' Je
" vois maintenant la raison qui éloigne de moi Ma-
" demoiselle de la Tour depuis deux mois, et qui la
" décide aujourd'hui à partir   Ah ' sans doute,
" elle me méprise !"

Cependant, l'heure de souper étant venue, on se
mit à table, où chacun des convives, agité de passions différentes, mangea peu et ne parla point. Virginie en sortit la première, et fut s'asseoir au lieu où
nous sommes   Paul la suivit bientôt après, et vint se
mettre auprès d'elle.   L'un et l'autre gardèrent quelque temps un profond silence.   Il faisoit une de ces
nuits délicieuses, si communes entre les tropiques, et
dont le plus habile pinceau ne rendroit pas la beauté.
La lune paroissoit au milieu du firmament, entourée
d'un rideau de nuages que ses rayons dissipoient par
degrés   Sa lumière se répandoit insensiblement sur
les montagnes de l'île et sur leurs pitons, qui brilloient
d'un vert argenté.   Les vents retenoient leurs ha-
leines   On entendoit dans les bois, au fond des vallées, au haut de ces rochers, de petits cris, de doux

murmures

murmures d'oiseaux, qui se caressoient dans leurs nids, réjouis par la clarté de la nuit et la tranquillité de l'air. Tous, jusqu'aux insectes, bruissoient sous l'herbe ; les étoiles étinceloient au ciel et se réfléchissoient au sein de la mer qui répétoit leurs images tremblantes. Virginie parcouroit avec des regards distraits son vaste et sombre horizon, distingué du rivage de l'île par les feux rouges des pêcheurs ; elle aperçut à l'entrée du port une lumière et une ombre. C'étoit le fanal et le corps du vaisseau où elle devoit s'embarquer pour l'Europe, et qui, prêt à mettre à la voile, attendoit à l'ancre la fin du calme. A cette vue, elle se troubla et détourna la tête, pour que Paul ne la vît pas pleurer.

Madame de la Tour, Marguerite et moi, nous étions assis à quelques pas de là, sous des bananiers, et dans le silence de la nuit, nous entendîmes distinctement leur conversation que je n'ai pas oubliée.

Paul lui dit· " Mademoiselle, vous partez, dit-on, " dans trois jours. Vous ne craignez pas de vous " exposer aux dangers de la mer . . . de la mer dont " vous êtes si effrayée !"—" Il faut," répondit Virginie, " que j'obéisse à mes parens, à mon de- " voir."—" Vous nous quittez," reprit Paul, " pour " une parente éloignée, que vous n'avez jamais " vue !"—

" vue !"—" Hélas," dit Virginie, " je voulois rester
" ici toute ma vie , ma mère ne l'a pas voulu. Mon
" confesseur m'a dit que la volonté de Dieu étoit que
" je partisse, que la vie étoit une épreuve ... Oh,
" c'est une épreuve bien dure !"

" Quoi" repartit Paul," tant de raisons vous ont
" décidée, et aucune ne vous a retenue! Ah ! il en
" est encore que vous ne me dites pas. La richesse
" a de grands attraits Vous trouverez bientôt, dans
" un nouveau monde, à qui donner le nom de frère
" que vous ne me donnez plus. Vous le choisirez,
" ce frère, parmi des gens dignes de vous par une
" naissance et une fortune que je ne peux vous offrir.
" Mais, pour être plus heureuse, où voulez-vous aller?
' Dans quelle terre aborderez-vous, qui vous soit
" plus chère que celle où vous êtes née ? Où formerez-
" vous une société plus aimable que celle qui vous
" aime ? Comment vivrez-vous sans les caresses de votre
" mère, auxquelles vous êtes si accoutumée ? Que de-
" viendra-t-elle elle-même, déjà sur l'âge, lorsqu'elle
" ne vous verra plus à ses côtés, à la table, dans la
" maison, à la promenade où elle s'appuyoit sur vous ?
" Que deviendra la mienne, qui vous chérit autant
" qu'elle ? Que leur dirai-je à l'une et à l'autre, quand
" je les verrai pleurer de votre absence ? Cruelle! je ne
" vous parle point de moi : mais que deviendrai-je

moi-

" moi-même, quand le matin je ne vous verrai plus
" avec nous, et que la nuit viendra sans nous réunir,
" quand j'apercevrai ces deux palmiers plantés à
" notre naissance et si long-temps témoins de notre
" amitié mutuelle ? Ah ! puisqu'un nouveau sort te
" touche, que tu cherches d'autres pays que ton pays
" natal, d'autres biens que ceux de mes travaux,
" laisse-moi t'accompagner sur le vaisseau où tu pars.
" Je te rassurerai dans les tempêtes qui te donnent
" tant d'effroi sur la terre. Je reposerai ta tête sur
" mon sein ; je réchaufferai ton cœur contre mon
" cœur, et en France, où tu vas chercher de la for-
" tune et de la grandeur, je te servirai comme ton
" esclave. Heureux de ton seul bonheur, dans ces
" hôtels où je te verrai servie et adorée, je serai en-
' core assez riche et assez noble pour te faire le plus
" grand des sacrifices, en mourant à tes pieds."

Les sanglots étouffèrent sa voix, et nous entendîmes aussitôt celle de Virginie qui lui disoit ces mots
entrecoupés de soupirs .... " C'est pour toi que je
" pars, ... pour toi que j'ai vu chaque jour courbé
" par le travail pour nourrir deux familles infirmes
" Si je me suis prêtée à l'occasion de devenir riche,
" c'est pour te rendre mille fois le bien que tu nous
" as fait Est-il une fortune digne de ton amitié ?
" Que me dis-tu de ta naissance ? Ah ! s'il m'étoit
" encore

Finger out!

Publish'd by Verner & Hood, May 24, 1796

" encore possible de me donner un frère, en choisi-
" rois-je un autre que toi ? O Paul ! ô Paul ! tu m'es
" beaucoup plus cher qu'un frère ! Combien m'en
" a-t-il coûté pour te repousser loin de moi ! Je vou-
" lois que tu m'aidasses à me séparer de moi-même,
" jusqu'à ce que le ciel pût bénir notre union.
" Maintenant, je reste, je pars, je vis, je meurs, fais
" de moi ce que tu veux. Fille sans vertu ! j'ai pu
" résister à tes caresses, et je ne peux soutenir ta
" douleur."

A ces mots, Paul la saisit dans ses bras, et la tenant
étroitement serrée, il s'écria d'une voix terrible ; " Je
" pars avec elle, rien ne pourra m'en détacher."
Nous courûmes tous à lui, Madame de la Tour lui
dit " Mon fils, si vous nous quittez, qu'allons-nous
" devenir ?"

Il répéta en tremblant ces mots. " Mon fils . . . .
" mon fils . . Vous, ma mère, lui dit-il, vous qui
" séparez le frère d'avec le sœur ! Tous deux, nous
" avons sucé votre lait, tous deux, élevés sur vos
" genoux, nous avons appris de vous à nous aimer;
" tous deux, nous nous le sommes dit mille fois. Et
" maintenant, vous l'éloignez de moi ! Vous l'en-
" voyez en Europe, dans ce pays barbare qui vous a
" refusé un asile et chez des parens cruels qui vous

" ont vous-même abandonnée. Vous me direz·
" Vous n'avez plus de droits sur elle, elle n'est pas
" votre sœur. Elle est tout pour moi, ma richésse,
" ma famille, ma naissance, tout mon bien. Je n'en
" connois plus d'autre. Nous n'avons eu qu'un toit,
" qu'un berceau ; nous n'aurons qu'un tombeau. Si
" elle part, il faut que je la suive. Le gouverneur
" m'en empêchera ? M'empêchera-t-il de me jeter
" à la mer ? Je la suivrai à la nage La mer
" ne sauroit m'être plus funeste que la terre Ne
" pouvant vivre ici près d'elle, au moins je mourrai
" sous ses yeux, loin de vous. Mère barbare! fem-
" me sans pitié ! Puisse cet océan, où vous l'exposez,
" ne jamais vous la rendre ' Puissent cés flots vous
" rapporter mon corps, et le roulant avec le sien parmi
" les cailloux de cés rivages, vous donner par la
" perte de vos deux enfans, un sujet éternel de dou-
" leur !"

A ces mots, je le saisis dans mes bras ; car le désespoir lui ôtoit la raison. Ses yeux étinceloient ; la sueur
couloit à grosses gouttes sur son visage en feu ses
genoux trembloient ; et je sentois, dans sa poitrine
brûlante, son cœur battre à coups redoublés.

Virginie, effrayée, lui dit " O mon ami ' j'at-
" teste les plaisirs de notre premier âge, tes maux,
" les

" les miens, et tout ce qui doit lier à jamais deux in-
" fortunés, si je reste, de ne vivre que pour toi; si
" je pars, de revenir un jour pour être à toi. Je
" vous prends à témoins, vous tous qui avez élevé mon
' enfance, qui disposez de ma vie et qui voyez mes
" larmes. Je le jure par ce ciel qui m'entend, par
" cette mer que je dois traverser, par l'air que je
" respire, et que je n'ai jamais souillé du mensonge."

Comme le soleil fond et précipite un rocher de
glace du sommet des Apennins, ainsi tomba la colère
impétueuse de ce jeune homme, à la voix de l'objet
aimé. Sa tête altière étoit baissée, et un torrent de
pleurs couloit de ses yeux. Sa mère, mêlant ses larmes aux siennes, le tenoit embrassé, sans pouvoir
parler Madame de la Tour, hors d'elle, me dit;
" Je n'y puis tenir. Mon âme est déchirée. Ce
" malheureux voyage n'aura pas lieu. Mon voisin,
" tâchez d'emmener mon fils. Il y a huit jours que
" personne ici n'a dormi."

Je dis à Paul. " Mon ami, votre sœur restera.
" Demain nous en parlerons au gouverneur; laissez
" reposer votre famille, et venez passer cette nuit
" chez moi. Il est tard, il est minuit. La croix
" du Sud est droite sur l'horizon."

Il se laissa emmener sans rien dire, et après une

G 4 nuit

nuit fort agitée, il se leva au point du jour, et s'en retourna à son habitation.

Mais qu'est-il besoin de vous continuer plus longtemps le récit de cette histoire ? Il n'y a jamais qu'un côté agréable à connoître dans la vie humaine. Semblable au globe sur lequel nous tournons, notre révolution rapide n'est que d'un jour, et une partie de ce jour ne peut recevoir la lumière, que l'autre ne soit livrée aux ténèbres.

" Mon père," lui dis-je, " je vous en conjure ; ache-
" vez de me raconter ce que vous avez commencé
" d'une manière si touchante. Les images du bon-
" heur nous plaisent ; mais celles du malheur nous
" instruisent. Que devint, je vous prie, l'infortu-
" né Paul ?"

Le premier objet que vit Paul, en retournant à l'habitation, fut la négresse Marie, qui, montée sur un rocher, regardoit vers la pleine mer. Il lui cria du plus loin qu'il l'aperçut : " Où est Virginie ?" Marie tourna la tête vers son jeune maître, et se mit à pleurer Paul, hors de lui, revint sur ses pas, et courut au port Il y apprit que Virginie s'étoit embarquée au point du jour, que son vaisseau avoit mis à la voile

voile aussitôt, et qu'on ne le voyoit plus. Il revint à l'habitation, qu'il traversa sans parler à personne.

Quoique cette enceinte de rochers paroisse derrière nous presque perpendiculaire, ces plateaux verts qui en divisent la hauteur, sont autant d'étages par lesquels on parvient, au moyen de quelques sentiers difficiles, jusqu'au pied de ce cône de rochers incliné et inaccessible, qu'on appelle le Pouce. A la base de ce rocher, est une esplanade couverte de grands arbres, mais si élevée et si escarpée qu'elle est comme une grande forêt dans l'air, environnée de précipices effroyables. Les nuages, que le sommet du Pouce attire sans cesse autour de lui, y entretiennent plusieurs ruisseaux qui tombent à une si grande profondeur au fond de la vallée, située au revers de cette montagne, que de cette hauteur on n'entend point le bruit de leur chûte. De ce lieu, on voit une grande partie de l'île avec ses mornes surmontés de leurs pitons, entr'autres Piterboth et les Trois Mamelles avec leurs vallons remplis de forêts, puis la pleine mer, et l'île Bourbon qui est à quarante lieues de là vers l'Occident. Ce fut de cette élévation que Paul aperçut le vaisseau qui emmenoit Virginie. Il le vit à plus de dix lieues au large, comme un point noir au milieu du vaste océan. Il resta une partie du jour tout occupé à le considérer ; il étoit déjà disparu qu'il

qu'il croyoit le voir encore; et quand il fut perdu
dans la vapeur de l'horizon, il s'assit dans ce lieu
sauvage, toujours battu des vents qui y agitent sans
cesse les sommets des palmistes et des tatamaques.
Leur murmure sourd et mugissant ressemble au bruit
lointain des orgues, et inspire une profonde mélancolie.   Ce fut là que je trouvai Paul, la tête appuyée
contre le rocher et les yeux fixés vers la terre. Je
marchois après lui depuis le lever du soleil   j'eus
beaucoup de peine à le déterminer à descendre, et à
revoir sa famille.   Je le remenai cependant à son
habitation, et son premier mouvement, revoyant Madame de la Tour, fut de se plaindre amèrement qu'elle
l'avoit trompé.   Madame de la Tour nous dit que,
le vent s'étant levé vers les trois heures du matin, le
vaisseau étant au moment d'appareiller, le gouverneur, suivi d'une partie de son état-major et du missionnaire, étoit venu chercher Virginie en palanquin,
et que, malgré ses propres raisons, ses larmes et celles
de Marguerite, tout le monde criant que c'étoit pour
leur bien à tous, ils avoient emmené sa fille à demi-
mourante. " Au moins," répondit Paul, " si je
" lui avois fait mes adieux, je serois tranquille à pré-
" sent. Je lui aurois dit. Virginie, si pendant le
" temps que nous avons vécu ensemble, il m'est
" échappé quelque parole qui vous ait offensée,
" avant de me quitter pour jamais, dites-moi que
                                        " vous

" vous me le pardonnez. Je lui aurois dit: Puisque
" je ne suis plus destiné à vous revoir, adieu, ma
" chère Virginie, adieu, vivez, loin de moi, con-
" tente et heureuse!" Et comme il vit que sa mère
et Madame de la Tour pleuroient: " Cherchez
" maintenant," leur dit-il, " quelque autre que moi
" qui essuie vos larmes!" Puis il s'éloigna d'elles en
gémissant, et se mit à errer çà et là dans l'habitation.
Il en parcouroit tous les endroits qui avoient été les
plus chers à Virginie. Il disoit à ses chèvres et à
leurs petits chevreaux, qui le suivoient en bêlant ·
" Que me demandez-vous ? vous ne reverrez plus
" avec moi celle qui vous donnoit à manger dans sa
" main." Il fut au Repos de Virginie, et à la vue
des oiseaux qui voltigeoient autour, il s'écria " Pau-
" vres oiseaux, vous n'irez plus au devant de celle
" qui étoit votre bonne nourrice" En voyant Fidèle qui flairoit çà et là, et marchoit devant lui en
quêtant, il soupira et lui dit " Oh, tu ne la trou-
" veras plus jamais" Enfin, il fut s'asseoir sur le
rocher où il lui avoit parlé la veille ; et à l'aspect de
la mer où il avoit vu disparoître le vaisseau qui l'avoit
emmenée, il pleura abondamment.

Cependant nous le suivions pas à pas, craignant
quelque suite funeste de l'agitation de son esprit. Sa
mère et Madame de la Tour le prioient, par les
termes

termes les plus tendres, de ne pas augmenter leur
douleur par son désespoir.   Enfin, celle-ci parvint à
le calmer en lui prodiguant les noms les plus propres
à réveiller ses espérances.   Elle l'appeloit son fils,
son cher fils, son gendre, celui à qui elle destinoit
sa fille.   Elle l'engagea à rentrer dans la maison, et à
y prendre quelque peu de nourriture   Il s'y mit à
table avec nous, auprès de la place où se mettoit la
compagne de son enfance, et comme si elle l'eût encore occupée, il lui adressoit la parole, et lui présentoit les mets qu'il savoit lui être les plus agréables,
mais dès qu il s'apercevoit de son erreur, il se mettoit
à pleurer.   Les jours suivans, il recueillit tout ce qui
avoit été à son usage particulier, les derniers bou
quets qu'elle avoit portés, une tasse de coco où elle
avoit coutume de boire ; et comme si ces restes de
son amie eussent été les choses du monde les plus
précieuses, il les baisoit et les mettoit dans son sein.
L'ambre ne répand pas un parfum aussi doux que les
objets touchés par l'objet que l'on aime.   Enfin,
voyant que ses regrets augmentoient ceux de sa mère
et de Madame de la Tour, et que les besoins de la
famille demandoient un travail continuel, il se mit,
avec l aide de Domingue, à réparer le jardin.

Bientôt, ce jeune homme, indifférent comme un
Créole pour tout ce qui se passe dans le monde, me
                                                    pria

pria de lui apprendre à lire et à écrire, afin qu'il pût entretenir une correspondance avec Virginie. Il voulut ensuite s'instruire dans la géographie, pour se faire une idée du pays où elle débarqueroit, et dans l'histoire, pour connoître les mœurs de la société où elle alloit vivre. Ainsi, il s'étoit perfectionné dans l'agriculture, et dans l'art de disposer avec agrément le terrain le plus irrégulier, par le sentiment de l'amour. Sans doute, c'est aux jouissances que se propose cette passion ardente et inquiète, que les hommes doivent la plupart des sciences et des arts, et c'est de ses privations qu'est née la philosophie, qui apprend à se consoler de tout. Ainsi la nature, ayant fait l'amour le lien de tous les êtres, l'a rendu le premier mobile de nos sociétés, et l'instigateur de nos lumières et de nos plaisirs.

Paul ne trouva pas beaucoup de goût dans l'étude de la géographie, qui, au lieu de nous décrire la nature de chaque pays, ne nous en présente que les divisions politiques. L'histoire, et surtout l'histoire moderne, ne l'intéressa guère davantage. Il n'y voyoit que des malheurs généraux et périodiques, dont il n'apercevoit pas les causes, des guerres sans sujet et sans objets, des intrigues obscures, des nations sans caractères, et des princes sans humanité. Il préféroit à cette lecture celle des romans, qui s'occupant

cupant davantage des sentimens et des intérêts des
hommes, lui offroient quelquefois des situations pa-
reilles à la sienne. Aussi aucun livre ne lui fit autant de plaisir que le Télémaque, par ses tableaux
de la vie champêtre et des passions naturelles au
cœur humain. Il en lisoit, à sa mère et à Madame
de la Tour, les endroits qui l'affectoient davantage
alors ému par de touchans ressouvenirs, sa voix
s'étouffoit, et les larmes couloient de ses yeux. Il lui
sembloit trouver dans Virginie la dignité et la sagesse
d'Antiope, avec les malheurs et la tendresse d'Eucha-
ris. D'un autre côté, il fut tout bouleversé par la
lecture de nos romans à la mode, pleins de mœurs
et de maximes licencieuses; et quand il sut que ces
romans renfermoient une peinture véritable des sociétés de l'Europe, il craignit, non sans quelque apparence de raison, que Virginie ne vînt à s'y corrompre et à l'oublier.

En effet, plus d'un an et demi s'étoit écoulé sans
que Madame de la Tour eût des nouvelles de sa tante
et de sa fille · seulement elle avoit appris, par une
voie étrangère, que celle-ci étoit arrivée heureusement en France Enfin, elle reçut par un vaisseau
qui alloit aux Indes, un paquet et une lettre écrite de
la propre main de Virginie Malgré la circonspec-
tion de son aimable et indulgente fille, elle jugea
qu'elle

qu'elle étoit fort malheureuse. Cette lettre peignoit si bien sa situation et son caractère, que je l'ai retenue presque mot pour mot.

" Très-chère et bien-aimée Maman,

" Je vous ai déjà écrit plusieurs lettres, de mon
" écriture ; et comme je n'en ai pas eu de réponse,
" j'ai lieu de craindre qu'elles ne vous soient point
" parvenues. J'espère mieux de celle-ci, par les
" précautions que j'ai prises pour vous donner de
" mes nouvelles, et pour recevoir des vôtres.

" J'ai versé bien des larmes depuis notre sépara-
" tion, moi qui n'avois presque jamais pleuré que
" sur les maux d'autrui! Ma grand'tante fut bien
" surprise à mon arrivée, lorsque m'ayant question-
" née sur mes talens, je lui dis que je ne savois ni
" lire ni écrire. Elle me demanda qu'est-ce que
" j'avois donc appris depuis que j'étois au monde ; et
" quand je lui eus répondu que c'étoit à avoir soin
" du ménage et à faire votre volonté, elle me dit que
" j'avois reçu l'éducation d'une servante. Elle me
" mit, dès le lendemain, en pension dans une grande
" abbaye auprès de Paris, où j'ai des maîtres de
" toute espèce : ils m'enseignent, entr'autres choses,
" l'histoire, la géographie, la grammaire, les mathé-
" matiques et à monter à cheval ; mais j'ai de si foibles

" bles dispositions pour toutes ces sciences, que je ne
" profiterai pas beaucoup avec ces Messieurs. Je
" sens que je suis une pauvre créature qui ai peu
" d'esprit, comme ils le font entendre Cependant,
" les bontés de ma tante ne se refroidissent point.
" Elle me donne des robes nouvelles à chaque sai-
" son Elle a mis auprès de moi deux femmes de
" chambre, qui sont aussi bien parées que de grandes
" dames Elle m'a fait prendre le titre de Comtesse,
" mais elle m'a fait quitter mon nom de *la Tour*,
" qui m'étoit aussi cher qu'à vous-même, par tout ce
" que vous m'avez raconté des peines que mon père
" avoit souffertes pour vous épouser. Elle a rem-
" placé votre nom de femme par celui de votre fa-
" mille, qui m'est encore cher cependant, parce
" qu'il a été votre nom de fille. Me voyant dans
" une situation aussi brillante, je l'ai suppliée de vous
" envoyer quelques secours. Comment vous rendre
" sa réponse ? mais vous m'avez recommandé de
" vous dire toujours la vérité. Elle m'a donc répon-
" du, que peu ne vous serviroit à rien, et que dans
" la vie simple que vous menez, beaucoup vous em
" barrasseroit J'ai cherché d'abord à vous donner
" de mes nouvelles par une main étrangère, au dé-
" faut de la mienne. Mais n'ayant, à mon arrivée
" ici, personne en qui je pusse prendre confiance, je
" me suis appliquée nuit et jour à apprendre à lire et
" à écrire,

« à écrire, Dieu m'a fait la grâce d'en venir à bout
« en peu de temps. J'ai chargé de l'envoi de mes
« premières lettres les dames qui sont auprès de moi;
« mais j'ai lieu de croire qu'elles les ont remises à ma
« grand'tante Cette fois, j'ai eu recours à une
« pensionnaire de mes amies, et c'est sous son a-
« dresse, ci-jointe, que je vous prie de me faire passer
« vos réponses. Ma grand'tante m'a interdit toute
‘ correspondance au dehors, qui pourroit, selon elle,
« mettre obstacle aux grandes vues qu'elle a sur moi.
« Il n'y a qu'elle qui puisse me voir à la grille, ainsi
‘ qu'un vieux seigneur de ses amis, qui a, dit-elle,
« beaucoup de goût pour ma personne. Pour dire
‘ la vérité, je n'en ai point du tout pour lui, quand
« même j'en pourrois prendre pour quelqu'un.

« Je vis au milieu de l'éclat de la fortune, et je ne
« peux disposer d'un sou. On dit que si j'avois de
« l'argent, cela tireroit à conséquence. Mes robes
« mêmes appartiennent à mes femmes de chambre,
‘ qui se les disputent avant que je les aie quittées.
« Au sein des richesses, je suis bien plus pauvre que
« je ne l'étois auprès de vous, car je n'ai rien à don-
« ner. Lorsque j'ai vu que les grands talens que
« l'on m'enseignoit ne me procuroient pas la facilité
« de faire le plus petit bien, j'ai eu recours à mon
« aiguille, dont heureusement vous m'avez appris à

H   « faire

" faire usage. Je vous envoie donc plusieurs paires
" de bas de ma façon, pour vous et maman Margue-
" rite, un bonnet pour Domingue et un de mes mou-
" choirs rouges pour Marie Je joins à ce paquet, des
" pepins et des noyaux des fruits de mes collations,
" avec des graines de toutes sortes d'arbres, que j'ai
" cueillies à mes heures de récréation dans le parc
" de l'abbaye J'y ai ajouté aussi des semences de
" violettes, de marguerites, de bassinets, de coque-
" licots, de bluets, de scabieuses, que j'ai ramassées
" dans les champs. Il y a, dans les prairies de ce
" pays, de plus belles fleurs que dans les nôtres,
" mais personne ne s'en soucie. Je suis sûre que
" vous et maman Marguerite serez plus contentes
" de ce sac de graines que du sac de piastres qui a
" été la cause de notre séparation et de mes larmes.
" Ce sera une grande joie pour moi, si vous avez un
" jour la satisfaction de voir des pommiers croître
" auprès de nos bananiers, et des hêtres mêler leur
" feuillage à celui de nos cocotiers. Vous vous
" croirez dans la Normandie que vous aimez tant.

" Vous m'avez enjoint de vous mander mes joies
" et mes peines, je n'ai plus de joie loin de vous
" pour mes peines, je les adoucis en pensant que je
" suis dans un poste où vous m'avez mise par la vo-
" lonté de Dieu. Mais le plus grand chagrin que
" j'y

" j'y éprouve, est que personne ne me parle ici de
" vous, et que je n'en puis parler à personne. Mes
" femmes de chambre, ou plutôt celles de ma
" grand'tante, car elles sont plus à elle qu'à moi, me
" disent, lorsque je cherche à amener la conversation
" sur des objets qui me sont si chers ; Mademoiselle,
" souvenez-vous que vous êtes Françoise, et que vous
" devez oublier le pays des sauvages. Ah ! je m'ou-
" blierois plutôt moi-même que d'oublier le lieu où
" je suis née et où vous vivez ! C'est ce pays-ci qui
" est pour moi un pays de sauvages ; car j'y vis seule,
" n'ayant personne à qui je puisse faire part de l'a-
" mour que vous portera jusqu'au tombeau,

" Très-chère et bien-aimée Maman,

" Votre obéissante et tendre fille,

" VIRGINIE DE LA TOUR."

" Je recommande à vos bontés Marie et Domingue
" qui ont pris tant de soin de mon enfance cares-
" sez pour moi Fidèle qui m'a retrouvée dans les
" bois."

Paul fut bien étonné de ce que Virginie ne parloit
pas du tout de lui, elle qui n'avoit pas oublié dans ses
ressouvenirs le chien même de la maison ; mais il ne

savoit

savoit pas que, quelque longue que soit la lettre d'une femme, elle n'y met jamais sa pensée la plus chère qu'à la fin.

Dans un *post-scriptum*, Virginie recommandoit particulièrement à Paul deux espèces de graines, celles de violette et de scabieuse. Elle lui donnoit quelques instructions sur les caractères de ces plantes, et sur les lieux les plus propres à les semer " La " violette," lui mandoit-elle, " produit une petite " fleur d'un violet foncé, qui aime à se cacher sous " des buissons, mais son charmant parfum l'y fait " bientôt découvrir " Elle lui enjoignoit de la semer sur le bord de la fontaine, au pied de son cocotier. " La scabieuse," ajoutoit-elle, " donne une " jolie fleur d'un bleu mourant, et à fond noir piqueté de blanc. On la croiroit en deuil; on " l'appelle aussi, pour cette raison, fleur de veuve. " Elle se plaît dans les lieux âpres et battus des " vents " Elle le prioit de la semer sur le rocher où elle lui avoit parlé la nuit, la dernière fois, et de donner à ce rocher, pour l'amour d'elle, le nom du *Rocher des Adieux.*

Elle avoit renfermé ces semences dans une petite bourse dont le tissu étoit fort simple, mais qui parut

sans

sens prix à Paul, lorsqu'il y apperçut un P et un V entrelacés, et formés de cheveux qu'il reconnut à leur beauté pour être ceux de Virginie.

La lettre de cette sensible et vertueuse demoiselle, fit verser des larmes à toute la famille. Sa mère lui répondit au nom de la société, de rester ou de revenir à son gré, l'assurant qu'ils avoient tous perdu la meilleure partie de leur bonheur depuis son départ, et que pour elle en particulier, elle en étoit inconsolable.

Paul lui écrivit une lettre fort longue, où il l'assuroit qu'il alloit rendre le jardin digne d'elle, et y mêler des plantes de l'Europe à celles de l'Afrique, ainsi qu'elle avoit entrelacé leurs noms dans son ouvrage. Il lui envoyoit des fruits des cocotiers de sa fontaine, parvenus à une maturité parfaite. Il n'y joignoit, ajoutoit-il, aucune autre semence de l'île, afin que le désir d'en revoir les productions la déterminât à y revenir promptement. Il la supplioit de se rendre au plutôt aux vœux ardens de leur famille, et aux siens particuliers, puisqu'il ne pouvoit désormais goûter aucune joie loin d'elle.

Paul sema avec le plus grand soin les graines Européennes, et surtout celles de violettes et de scabieuses,

dont

dont les fleurs sembloient avoir quelque analogie avec le caractere et la situation de Virginie, qui les lui avoit si particulièrement recommandées, mais soit qu'elles eussent été éventées dans le trajet, soit plutôt que le climat de cette partie de l'Afrique ne leur soit pas favorable, il n'en germa qu'un petit nombre qui ne put venir à sa perfection.

Cependant, l'envie qui va même au devant du bonheur des hommes, surtout dans les colonies Françoises, répandit dans l'île, des bruits qui donnoient beaucoup d'inquiétude à Paul. Les gens du vaisseau qui avoit apporté la lettre de Virginie, assuroient qu'elle étoit sur le point de se marier, ils nommoient le seigneur de la cour qui devoit l'épouser, quelques-uns même disoient que la chose étoit faite, et qu'ils en avoient été témoins D'abord, Paul méprisa des nouvelles apportées par un vaisseau de commerce, qui en répand souvent de fausses sur les lieux de son passage. Mais comme plusieurs habitans de l'île, par une pitié perfide, s'empressoient de le plaindre de cet événement, il commença à y ajouter quelque croyance. D'ailleurs, dans quelques-uns des romans qu'il avoit lus, il voyoit la trahison traitée de plaisanterie, et comme il savoit que ces livres renfermoient des peintures assez fidèles des mœurs de l'Europe, il craignit que la fille de Madame de la Tour ne vînt à

s'y

s'y corrompre, et à oublier ses anciens engagemens. Ses lumières le rendoient déjà malheureux. Ce qui acheva d'augmenter ses craintes, c'est que plusieurs vaisseaux d'Europe arrivèrent ici depuis, dans l'espace d'un an, sans qu'aucun d'eux apportât des nouvelles de Virginie.

Cet infortuné jeune homme, livré à toutes les agitations de son cœur, venoit me voir souvent pour confirmer ou pour bannir ses inquiétudes, par mon expérience du monde.

Je demeure, comme je vous l'ai dit, à une lieue et demie d'ici, sur les bords d'une petite rivière qui coule le long de la Montagne-Longue. C'est là que je passe ma vie seul, sans femme, sans enfans et sans esclaves.

Après le rare bonheur de trouver une compagne qui nous soit bien assortie, l'état le moins malheureux de la vie est sans doute de vivre seul. Tout homme qui a eu beaucoup à se plaindre des hommes, cherche la solitude. Il est même très-remarquable que tous les peuples malheureux par leurs opinions, leurs mœurs ou leurs gouvernemens, ont produit des classes nombreuses de citoyens entièrement dévoués à la solitude et au célibat. Tels ont été les Egyptiens

H 4   dans

dans leur décadence, les Grecs du Bas-Empire ; et tels sont de nos jours les Indiens, les Chinois, les Grecs modernes, les Italiens, et la plupart des peuples Orientaux et Méridionaux de l'Europe. La solitude ramène en partie l'homme au bonheur naturel, en éloignant de lui le malheur social. Au milieu de nos sociétés divisées par tant de préjugés, l'âme est dans une agitation continuelle elle roule sans cesse en elle-même mille opinions turbulentes et contradictoires, dont les membres d'une société ambitieuse et misérable cherchent à se subjuguer les uns les autres. Mais dans la solitude, elle dépose ces illusions étrangères qui la troublent elle reprend le sentiment simple d'elle-même, de la nature et de son auteur. Ainsi l'eau bourbeuse d'un torrent qui ravage les campagnes, venant à se répandre dans quelque petit bassin écarté de son cours, dépose ses vases au fond de son lit, reprend sa première limpidité, et, redevenue transparente, réfléchit, avec ses propres rivages, la verdure de la terre et la lumière des cieux. La solitude rétablit aussi bien les harmonies du corps que celles de l'âme. C'est dans la classe des solitaires, que se trouvent les hommes qui poussent le plus loin la carrière de la vie ; tels sont les Brames de l'Inde. Enfin, je la crois si nécessaire au bonheur dans le monde même, qu'il me paroît impossible d'y goûter un plaisir durable de quelque sentiment que ce soit,

ou

ou de régler sa conduite sur quelque principe stable,
si l'on ne se fait une solitude intérieure, d'où notre
opinion sorte bien rarement, et où celle d'autrui
n'entre jamais. Je ne veux pas dire toutefois que
l'homme doive vivre absolument seul ; il est lié avec
tout le genre humain par ses besoins , il doit donc ses
travaux aux hommes , il se doit aussi au reste de la
nature. Mais comme Dieu a donné à chacun de
nous des organes parfaitement assortis aux élémens
du globe où nous vivons, des pieds pour le sol, des
poumons pour l'air, des yeux pour la lumière, sans
que nous puissions intervertir l'usage de ces sens, il
s'est réservé pour lui seul, qui est l'auteur de la vie,
le cœur, qui en est le principal organe

Je passe donc mes jours loin des hommes, que j'ai
voulu servir, et qui m'ont persécuté. Après avoir
parcouru une grande partie de l'Europe et quelques
cantons de l'Amérique et de l'Afrique, je me suis
fixé dans cette île peu habitée, séduit par sa douce
température et par ses solitudes. Une cabane que
j'ai bâtie dans la forêt au pied d'un arbre, un petit
champ défriché de mes mains, une rivière qui coule
devant ma porte, suffisent à mes besoins et à mes
plaisirs. Je joins à ces jouissances celles de quelques
bons livres qui m'apprennent à devenir meilleur Ils
font encore servir à mon bonheur le monde même
que

que j'ai quitté   ils me présentent des tableaux des passions qui en rendent les habitans si misérables, et, par la comparaison que je fais de leur sort au mien, ils me font jouir d'un bonheur négatif.   Comme un homme sauvé du naufrage sur un rocher, je contemple de ma solitude les orages qui frémissent dans le reste du monde   Mon repos même redouble par le bruit lointain de la tempête   Depuis que les hommes ne sont plus sur mon chemin, et que je ne suis plus sur le leur, je ne les hais plus, je les plains.   Si je rencontre quelque infortuné, je tâche de venir à son secours par mes conseils, comme un passant sur le bord d'un torrent tend la main à un malheureux qui s'y noie   Mais je n'ai guère trouvé que l'innocence attentive à ma voix.   La nature appelle en vain à elle le reste des hommes , chacun d'eux se fait d'elle une image qu'il revêt de ses propres passions. Il poursuit toute sa vie ce vain fantôme qui l'égare, et il se plaint ensuite au ciel de l'erreur qu'il s'est formée lui-même.   Parmi un grand nombre d'infortunés que j'ai quelquefois essayé de ramener à la nature, je n'en ai pas trouvé un seul qui ne fût enivré de ses propres misères.   Ils m'écoutoient d'abord avec attention, dans l'espérance que je les aiderois à acquérir de la gloire ou de la fortune , mais voyant que je ne voulois leur apprendre qu'à s'en passer, ils me trouvoient moi-même misérable de ne pas courir après leur malheureux

heureux bonheur, ils blâmoient ma vie solitaire, ils prétendoient qu'eux seuls étoient utiles aux hommes, et ils s'efforçoient de m'entraîner dans leur tourbillon. Mais si je me communique à tout le monde, je ne me livre à personne. Souvent il me suffit de moi pour me servir de leçon à moi-même. Je repasse dans le calme présent les agitations passées de ma propre vie, auxquelles j'ai donné tant de prix, les protections, la fortune, la réputation, les voluptés, et les opinions qui se combattent par toute la terre. Je compare tant d'hommes que j'ai vus se disputer avec fureur ses chimères et qui ne sont plus, aux flots de ma rivière, qui se brisent en écumant contre les rochers de son lit, et disparoissent pour ne revenir jamais. Pour moi, je me laisse entraîner en paix au fleuve du temps vers l'océan de l'avenir qui n'a plus de rivages, et par le spectacle des harmonies actuelles de la nature, je m'élève vers son auteur, et j'espère dans un autre monde de plus heureux destins.

Quoiqu'on n'aperçoive pas de mon hermitage, situé au milieu d'une forêt, cette multitude d'objets que nous présente l'élévation du lieu où nous sommes, il s'y trouve des dispositions intéressantes, surtout pour un homme qui, comme moi, aime mieux rentrer en lui-même que s'étendre au dehors. La rivière qui coule devant ma porte, passe en ligne droite

droite à travers les bois , en sorte qu'elle me présente
un long canal ombragé d'arbres de toutes sortes de
feuillages ; il y a des tatamaques, des bois d'ébène, et
de ceux qu'on appelle ici bois de pomme, bois d'olive
et bois de cannelle des bosquets de palmistes élèvent çà et là leurs colonnes nues et longues de plus
de cent pieds, surmontées à leurs sommets d'un bou-
quet de palmes, et paroissent au-dessus des autres arbres comme une forêt plantée sur une autre forêt. Il s'y
joint des lianes de divers feuillages, et qui, s'enlaçant
d'un arbre à l'autre, forment ici des arcades de fleurs,
là de longues courtines de verdure. Des odeurs aromatiques sortent de la plupart de ces arbres, et
leurs parfums ont tant d'influence sur les vêtemens
mêmes, qu'on sent ici un homme qui a traversé une
forêt, quelques heures après qu'il en est sorti. Dans
la saison où ils donnent leurs fleurs, vous les diriez à
demi couverts de neige. A la fin de l'été, plusieurs
espèces d'oiseaux étrangers viennent, par un instinct
incompréhensible, de régions inconnues, au-delà des
vastes mers, récolter les graines des végétaux de
cette île, et opposent l'éclat de leurs couleurs à la
verdure des arbres rembrunie par le soleil. Telles
sont, entr'autres, diverses espèces de perruches, et les
pigeons bleus, appelés ici pigeons Hollandois. *Les*
singes, habitans domiciliés de ces forêts, se jouent
dans leurs sombres rameaux, dont ils se détachent par
leur

leur poil gris et verdâtre et leur face toute noire :
quelques-uns s'y suspendent par la queue et se balan-
cent en l'air, d'autres sautent de branche en branche,
portant leurs petits dans leurs bras. Jamais le fusil
meurtrier n'y a effrayé ces paisibles enfans de la nature On n'y entend que des cris de joie, des gazouil-
lemens et des ramages inconnus de quelques oiseaux
des Terres Australes, que répètent au loin les échos
de ces forêts La rivière qui coule en bouillonnant
sur un lit de roche, à travers les arbres, réfléchit çà
et là, dans ses eaux limpides, leurs masses vénérables
de verdure et d'ombre, ainsi que les jeux de leurs
heureux habitans : à mille pas de là, elle se précipite
de différens étages de rocher, et forme à sa chûte une
nappe d'eau, unie comme le cristal, qui se brise en
tombant en bouillons d'écume. Mille bruits confus
sortent de ces eaux tumultueuses ; et, dispersés par
les vents dans la forêt, tantôt ils fuient au loin, tantôt ils se rapprochent tous à la fois, et assourdissent
comme les sons des cloches d'une cathédrale. L'air,
sans cesse renouvelé par le mouvement des eaux, entre-
tient sur les bords de cette rivière, malgré les ardeurs
de l'été, une verdure et une fraîcheur qu'on trouve
rarement dans cette île, sur le haut même des montagnes.

A quelque distance de là, est un rocher assez
éloigné

éloigné de la cascade pour qu'on n'y soit pas étourdi du bruit de ses eaux, et qui en est assez voisin pour y jouir de leur vue, de leur fraîcheur et de leur murmure. Nous allions quelquefois, dans les grandes chaleurs, dîner à l'ombre de ce rocher, Madame de la Tour, Marguerite, Virginie, Paul et moi. Comme Virginie dirigeoit toujours au bien d'autrui ses actions même les plus communes, elle ne mangeoit pas un fruit à la campagne qu'elle n'en mît en terre les noyaux ou les pepins " Il en viendra," disoit-elle, " des arbres qui donneront leurs fruits à quelque " voyageur, ou au moins à un oiseau " Un jour donc qu'elle avoit mangé une papaye au pied de ce rocher, elle y planta les semences de ce fruit. Bientôt après, il y crut plusieurs papayers, parmi lesquels il y en avoit un femelle, c'est-à-dire, qui porte des fruits. Cet arbre n étoit pas si haut que le genou de Virginie à son départ; mais comme il croît vite, trois ans après il avoit vingt pieds de hauteur, et son tronc étoit entouré, dans sa partie supérieure, de plusieurs rangs de fruits mûrs Paul, s'étant rendu par hasard dans ce lieu, fut rempli de joie en voyant ce grand arbre sorti d'une petite graine qu'il avoit vu planter par son amie, et en même temps il fut saisi d'une tristesse profonde par ce témoignage de sa longue absence Les objets que nous voyons habituellement ne nous font pas apercevoir de la rapidité

de

de notre vie ils vieillissent avec nous d'une vieillesse
insensible; mais ce sont ceux que nous revoyons tout
à coup après les avoir perdus quelques années de vue,
qui nous avertissent de la vîtesse avec laquelle s'é-
coule le fleuve de nos jours. Paul fut aussi surpris
et aussi troublé à la vue de ce grand papayer chargé
de fruits, qu'un voyageur l'est, après une longue
absence de son pays, de n'y plus retrouver ses contemporains, et d'y voir leurs enfans, qu'il avoit laissés
à la mamelle, devenus eux-mêmes pères de famille.
Tantôt il vouloit l'abattre, parce qu'il lui rendoit trop
sensible la longueur du temps qui s'étoit écoulé depuis le départ de Virginie, tantôt, le considérant
comme un monument de sa bienfaisance, il baisoit
son tronc et lui adressoit des paroles pleines d'amour
et de regrets. O arbre, dont la postérité existe encore dans nos bois, je vous ai vu moi-même avec
plus d'intérêt et de vénération que les arcs de
triomphe des Romains! Puisse la nature, qui détruit
chaque jour les monumens de l'ambition des rois,
multiplier dans nos forêts ceux de la bienfaisance
d'une jeune et pauvre fille!

C'étoit donc au pied de ce papayer que j'étois sûr
de rencontrer Paul, quand il venoit dans mon quartier.
Un jour, je l'y trouvai accablé de mélancolie : et j'eus
avec lui une conversation que je vais vous rapporter,

si je ne vous suis point trop ennuyeux par mes longues digressions, pardonnables à mon âge et à mes
dernières amitiés   Je vous la raconterai en forme de
dialogue, afin que vous jugiez du bon sens naturel de
ce jeune homme, et il vous sera aisé de faire la différence des interlocuteurs, par le sens de ses questions
et de mes réponses.

Il me dit·

" Je suis bien chagrin.   Mademoiselle de la Tour
" est partie depuis deux ans et deux mois, et depuis
" huit mois et demi, elle ne nous a pas donné de ses
" nouvelles. Elle est riche ; je suis pauvre   elle m a
" oublié. J'ai envie de m embarquer, j'irai en France,
" j'y servirai le roi, j'y ferai fortune, et la grand'tan-
" te de Mademoiselle de la Tour me donnera sa pe-
" tite-nièce en mariage, quand je serai devenu un
" grand seigneur."

Le Vieillard —" O mon ami ! ne m'avez-vous
pas dit que vous n'aviez pas de naissance ?

Paul —" Ma mère me l'a dit, car pour moi, je ne
sais ce que c'est que la naissance.   Je ne me suis jamais aperçu que j en eusse moins qu'un autre, ni
que les autres en eussent plus que moi

Le

Le Vieillard.—" Le défaut de naissance vous ferme en France le chemin aux grands emplois Il y a plus, vous ne pouvez même être admis dans aucun corps distingué.

Paul —" Vous m'avez dit plusieurs fois qu'une des causes de la grandeur de la France, étoit que le moindre sujet pouvoit y parvenir à tout, et vous m'avez cité beaucoup d'hommes célèbres, qui, sortis de petits états, avoient fait honneur à leur patrie. Vous vouliez donc tromper mon courage ?

Le Vieillard —" Mon fils, jamais je ne l'abattrai. Je vous ai dit la vérité sur les temps passés, mais les choses sont bien changées à présent, tout est devenu vénal en France, tout y est aujourd'hui le patrimoine d'un petit nombre de familles, ou le partage des corps Le roi est un soleil que les grands et les corps environnent comme des nuages, il est presque impossible qu'un de ses rayons tombe sur vous. Autrefois, dans une administration moins compliquée, on a vu ces phénomènes. Alors les talens et le mérite se sont développés de toutes parts, comme des terres nouvelles qui, venant à être défrichées, produisent avec tout leur suc. Mais les grands rois, qui savent connoître les hommes et les choisir, sont rares. Le vulgaire des rois ne se laisse

I   aller

aller qu'aux impulsions des grands et des corps qui les environnent.

Paul —" Mais je trouverai peut-être un de ces grands qui me protégera.

Le Vieillard —" Pour être protégé des grands, il faut servir leur ambition ou leurs plaisirs. Vous n'y réussirez jamais, car vous êtes sans naissance, et vous avez de la probité.

Paul —" Mais je ferai des actions si courageuses, je serai si fidèle à ma parole, si exact dans mes devoirs, si zélé et si constant dans mon amitié, que je mériterai d'être adopté par quelqu'un d'eux, comme j'ai vu que cela se pratiquoit dans les histoires anciennes que vous m'avez fait lire.

Le Vieillard.—" O mon ami ! chez les Grecs et chez les Romains, même dans leur décadence, les grands avoient du respect pour la vertu, mais nous avons eu une foule d hommes célèbres en tout genre, sortis des classes du peuple, et je n'en sache pas un seul qui ait été adopté par une grande maison. La vertu, sans nos rois, seroit condamnée en France à être éternellement plébéienne. Comme je vous l'ai dit, ils la mettent quelquefois en honneur, lorsqu'ils l'aperl'aperçoivent; mais aujourd'hui, les distinctions qui lui étoient réservées ne s'accordent plus que pour de l'argent.

Paul —" Au défaut d'un grand, je chercherai à plaire à un corps. J'épouserai entièrement son esprit et ses opinions; je m'en ferai aimer.

Le Vieillard.—" Vous ferez donc comme les autres hommes, vous renoncerez à votre conscience pour parvenir à la fortune?

Paul.—" Oh non, je ne chercherai jamais que la vérité.

Le Vieillard —" Au lieu de vous faire aimer, vous pourriez bien vous faire haïr. D'ailleurs, les corps s'intéressent fort peu à la découverte de la vérité Toute opinion est indifférente aux ambitieux, pourvu qu'ils gouvernent.

Paul —" Que je suis infortuné! tout me repousse. Je suis condamné à passer ma vie dans un travail obscur, loin de Virginie!"—Et il soupira profondément.

Le Vieillard.—" Que Dieu soit votre unique patron,

tron, et le genre humain, votre corps. Soyez constamment attaché à l'un et à l'autre. Les familles,
les corps, les peuples, les rois ont leurs préjugés et
leurs passions, il faut souvent les servir par des vices.
Dieu et le genre humain ne nous demandent que des
vertus.

" Mais pourquoi voulez-vous être distingué du
reste des hommes ? C'est un sentiment qui n'est pas
naturel, puisque, si chacun l'avoit, chacun seroit en
état de guerre avec son voisin   Contentez-vous de
remplir votre devoir dans l'état où la Providence vous
a mis, bénissez votre sort, qui vous permet d'avoir une
conscience à vous, et qui ne vous oblige pas, comme les
grands, de mettre votre bonheur dans l'opinion des
petits, et comme les petits, de ramper sous les grands
pour avoir de quoi vivre. Vous êtes dans un pays et dans
une condition, où, pour subsister, vous n'avez besoin
ni de tromper, ni de flatter, ni de vous avilir, comme
font la plupart de ceux qui cherchent la fortune en
Europe, où votre état ne vous interdit aucune vertu,
où vous pouvez être impunément bon, vrai, sincère,
instruit, patient, tempérant, chaste, indulgent, pieux,
sans qu'aucun ridicule vienne flétrir votre sagesse,
qui n'est encore qu'en fleur. Le ciel vous a donné
de la liberté, de la santé, une bonne conscience et
des

des amis : les rois dont vous ambitionnez la faveur, ne sont pas si heureux.

Paul —" Ah ! il me manque Virginie. Sans elle, je n'ai rien ; avec elle, j'aurois tout Elle seule est ma naissance, ma gloire et ma fortune. Mais puisqu'enfin sa parente veut lui donner pour mari un homme d'un grand nom, avec de l'étude et des livres, on devient savant et célèbre , je m'en vais étudier ; j'acquerrai de la science ; je servirai utilement ma patrie, par mes lumières, sans nuire à personne, et sans en dépendre ; je deviendrai fameux, et ma gloire n'appartiendra qu'à moi.

Le Vieillard —" Mon fils, les talens sont encore plus rares que la naissance et que les richesses, et sans doute, ils sont de plus grands biens, puisque rien ne peut les ôter, et que partout ils nous concilient l'estime publique. Mais ils coûtent cher, on ne les acquiert que par des privations en tout genre, par une sensibilité exquise qui nous rend malheureux au dedans et au dehors, par les persécutions de nos contemporains. L'homme de robe n'envie point, en France, la gloire du militaire, ni le militaire, celle de l'homme de mer ; mais tout le monde y traversera votre chemin, parce que tout le monde s'y pique d'avoir de l'esprit. Vous servirez les hommes, dites-vous , mais celui qui fait produire à un terrain une

gerbe

gerbe de bled de plus, leur rend un plus grand service que celui qui leur donne un livre.

Paul —" Oh, celle qui a planté ce papayer, a fait aux habitans de ces forêts un présent plus utile et plus doux, que si elle leur avoit donné une bibliothèque "—Et en même temps, il saisit cet arbre dans ses bras, et le baisa avec transport.

Le Vieillard —" Le meilleur des livres, qui ne prêche que l'égalité, l'amitié, l'humanité et la concorde, l évangile, a servi pendant des siècles de prétexte aux fureurs des Européens. Combien de tyrannies publiques et particulières s'exercent encore en son nom sur la terre ! Après cela, qui se flattera d'être utile aux hommes par un livre ? Rappelez-vous quel a été le sort de la plupart des philosophes qui leur ont prêché la sagesse. Homère, qui l'a revêtue de vers si beaux, demandoit l'aumône pendant sa vie. Socrate, qui en donna aux Athéniens de si aimables leçons, par ses discours et par ses mœurs, fut empoisonné juridiquement par eux. Son sublime disciple Platon, fut livré à l'esclavage par l'ordre du prince même qui le protégeoit, et avant eux, Pythagore, qui étendoit l'humanité jusqu'aux animaux, fut brûlé vif par les Crotoniates. Que dis-je ? La plupart même de ces noms illustres sont venus à nous défigurés

défigurés par quelques traits de satire qui les carac-
térisent, l'ingratitude humaine se plaisant à les reconnoître là ; et si dans la foule, la gloire de quelques-
uns est venue nette et pure jusqu'à nous, c'est que
ceux qui les ont portés ont vécu loin de la société de
leurs contemporains semblables à ces statues qu'on
tire entières des champs de la Grèce et de l'Italie, et
qui, pour avoir été ensevelies dans le sein de là terre,
ont échappé à la fureur des barbares.

" Vous voyez donc que, pour acquérir la gloire
orageuse des lettres, il faut bien de la vertu, et être
prêt à sacrifier sa propre vie. D'ailleurs, croyez-vous
que cette gloire intéresse en France les gens riches ?
Ils se soucient bien des gens de lettres, auxquels la
science ne rapporte ni dignité dans la patrie, ni gouvernement, ni entrée à la cour. On persécute peu
dans ce siècle indifférent à tout, hors à là fortune et
aux voluptés ; mais les lumières et la vertu n'y mè-
nent à rien de distingué, parce que tout est dans
l'Etat le prix de l'argent. Autrefois, elles trouvoient des récompenses assurées dans les différentes places de l'église, de la magistrature et de l'administration , aujourd'hui, elles ne servent qu'à faire des
livres. Mais ce fruit, peu prisé des gens du monde,
est toujours digne de son origine céleste C'est à
ces mêmes livres qu'il est réservé particullèrement de

I 4 donner

donner de l'éclat à la vertu obscure, de consoler les malheureux, d'éclairer les nations et de dire la vérité même aux rois. C'est sans contredit la fonction la plus auguste dont le ciel puisse honorer un mortel sur la terre. Quel est l'homme qui ne se console de l'injustice ou du mépris de ceux qui disposent de la fortune, lorsqu'il pense que son ouvrage ira, de siècle en siècle et de nations en nations, servir de barrière à l'erreur et aux tyrans, et que, du sein de l'obscurité où il a vécu, il jaillira une gloire qui effacera celle de la plupart des rois, dont les monumens périssent dans l'oubli, malgré les flatteurs qui les élèvent et qui les vantent?

Paul —" Ah! je ne voudrois cette gloire que pour la répandre sur Virginie, et la rendre chère à l'univers. Mais vous qui avez tant de connoissances, dites-moi si nous nous marierons? Je voudrois être savant, au moins pour connoître l'avenir.

Le Vieillard —" Qui voudroit vivre, mon fils, s'il connoissoit l'avenir? Un seul malheur prévu nous donne tant de vaines inquiétudes! la vue d'un malheur certain empoisonneroit tous les jours qui le précéderoient. Il ne faut pas même trop approfondir ce qui nous environne, et le ciel, qui nous donna la réflexion pour prévoir nos besoins, nous a donné

né les besoins pour mettre des bornes à notre réflexion.

Paul.—" Avec de l'argent, dites-vous, on acquiert
en Europe des dignités et des honneurs   J'irai m'en-
richer au Bengale, pour aller épouser Virginie à Paris.
Je vais m'embarquer.

Le Vieillard.—" Quoi' vous quitteriez sa mère
et la vôtre ?

Paul.—" Vous m'avez vous-même donné le
conseil de passer aux Indes

Le Vieillard ---" Virginie étoit alors ici. Mais
vous êtes maintenant l'unique soutien de votre mère
et de la sienne.

Paul.---" Virginie leur fera du bien par sa riche
parente.

Le Vieillard.---" Les riches n'en font guère qu'à
ceux qui leur font honneur dans le monde. Ils ont
des parens bien plus à plaindre que Madame de la
Tour, qui, faute d'être secourus par eux, sacrifient
leur liberté pour avoir du pain, et passent leur vie,
renfermés dans des couvens.

Paul.

Paul.—" Quel pays que l'Europe! Oh, il faut que Virginie revienne ici.   Qu'a-t-elle besoin d'avoir une parente riche? Elle étoit si contente sous ces cabanes, si jolie et si bien parée avec un mouchoir rouge ou des fleurs autour de sa tête! Reviens, Virginie ; quitte tes hôtels et tes grandeurs ; reviens dans ces rochers, à l'ombre de ces bois et de nos cocotiers.   Hélas! tu es peut-être maintenant malheureuse."—Et il se mettoit à pleurer —" Mon père, ne me cachez rien : si vous ne pouvez me dire si j'épouserai Virginie, au moins apprenez-moi si elle m'aime encore, au milieu de ces grands seigneurs qui parlent au roi, et qui la vont voir?

Le Vieillard —" O mon ami! je suis sûr qu'elle vous aime, par plusieurs raisons ; mais surtout, parce qu'elle a de la vertu "—A ces mots, il me sauta au cou, transporté de joie

Paul —" Mais croyez-vous les femmes d'Europe fausses, comme on les représente dans les comédies et dans les livres que vous m'avez prêtés?

Le Vieillard —" Les femmes sont fausses dans les pays où les hommes sont tyrans.   Partout la violence produit la ruse.

Paul.

Paul.—" Comment peut-on être tyran des femmes ?

Le Vieillard.—" En les mariant sans les consulter ; une jeune fille avec un vieillard, une femme sensible avec un homme indifférent.

Paul.—" Pourquoi ne pas marier ensemble ceux qui se conviennent ; les jeunes avec les jeunes, les amans avec les amantes ?

Le Vieillard.—" C'est que la plupart des jeunes gens en France n'ont pas assez de fortune pour se marier, et qu'ils n'en acquièrent qu'en devenant vieux. Jeunes, ils corrompent les femmes de leurs voisins ; vieux, ils ne peuvent fixer l'affection de leurs femmes. Ils ont trompé, étant jeunes ; on les trompe à leur tour, étant vieux. C'est une des réactions de la justice universelle qui gouverne le monde. Un excès y balance toujours un autre excès. Ainsi la plupart des Européens passent leur vie dans ce double désordre, et ce désordre augmente dans une société, à mesure que les richesses s'y accumulent sur un moindre nombre de têtes. L'Etat est semblable à un jardin, où les petits arbres ne peuvent venir s'il y en a de trop grands qui les ombragent ; mais il y a cette différence, que la beauté d'un jardin peut résulter
d'un

d'un petit nombre de grands arbres, et que la pros-
périté d'un Etat dépend toujours de la multitude et
de l'égalité des sujets, et non pas d'un petit nombre
de riches.

Paul.—" Mais qu'est-il besoin d'être riche pour
se marier ?

Le Vieillard.—" Afin de passer ses jours dans
l'abondance, sans rien faire.

Paul.—" Et pourquoi ne pas travailler? Je tra-
vaille bien, moi.

Le Vieillard —" C'est qu'en Europe le travail des
mains déshonore; on l'appelle travail mécanique.
Celui même de labourer la terre y est le plus méprisé de tous; un artisan y est bien plus estimé
qu'un paysan.

Paul —" Quoi, l'art qui nourrit les hommes est
méprisé en Europe ! Je ne vous comprends pas.

Le Vieillard —" Oh, il n'est pas possible à un
homme élevé dans la nature, de comprendre les dé-
pravations de la société. On se fait une idée précise
de l'ordre, mais non pas du désordre. La beauté, la
vertu,

vertu, le bonheur ont des proportions ; la laideur, le vice & le malheur n'en ont point.

Paul —" Les gens riches sont donc bien heureux! Ils ne trouvent d'obstacles à rien, ils peuvent combler de plaisirs les objets qu'ils aiment.

Le Vieillard —" Ils sont la plupart usés sur tous les plaisirs, par cela même qu'ils ne leur coûtent aucunes peines. N'avez-vous pas éprouvé que le plaisir du repos s'achète par la fatigue, celui de manger, par la faim ; celui de boire, par la soif? Hé bien, celui d'aimer et d'être aimé, ne s'acquiert que par une multitude de privations et de sacrifices. Les richesses ôtent aux riches tous ces plaisirs-là, en prévenant leurs besoins. Joignez à l'ennui qui suit leur satiété, l'orgueil qui naît de leur opulence, et que la moindre privation blesse, lors même que les plus grandes jouissances ne les flattent plus Le parfum de mille roses ne plaît qu'un instant, mais la douleur que cause une seule de leurs épines dure long-temps après sa piqûre. Un mal au milieu des plaisirs, est pour les riches une épine au milieu des fleurs : pour les pauvres, au contraire, un plaisir au milieu des maux, est une fleur au milieu des épines. Ils en goûtent vivement la jouissance Tout effet augmente par son contraste La nature a tout balancé. Quel état, à tout prendre, croyez-vous préférable, de n'a-

voir

voir presque rien à espérer et tout à craindre, ou presque rien à craindre et tout à espérer? Le premier
état est celui des riches, et le second celui des pauvres.
Mais ces extrêmes sont également difficiles à supporter aux hommes, dont le bonheur consiste dans la
médiocrité et la vertu.

Paul —" Qu'entendez-vous par la vertu?

Le Vieillard —" Mon fils, vous qui soutenez vos
parens par vos travaux, vous n'avez pas besoin qu'on
vous la définisse   La vertu est un effort fait sur
nous-mêmes, pour le bien d'autrui, dans l'intention
de plaire à Dieu seul.

Paul.—" Oh, que Virginie est vertueuse! C'est
par vertu qu'elle a voulu être riche, afin d'être bien-
faisante.   C'est par vertu qu'elle est partie de cette
île. la vertu l'y ramènera."………

L'idée de son retour prochain allumant l'imagination de ce jeune homme, toutes ses inquiétudes s'éva-
nouissoient.   Virginie n'avoit point écrit, parce
qu'elle alloit arriver.   Il falloit si peu de temps pour
venir d'Europe avec un bon vent.   Il faisoit l'énumé-
ration des vaisseaux qui avoient fait ce trajet de quatre
mille cinq cents lieues en moins de trois mois.   Le
vaisseau

vaisseau où elle s'étoit embarquée n'en mettroit pas plus de deux. Les constructeurs étoient aujourd'hui si savans, et les marins si habiles ! Il parloit des arrangemens qu'il alloit faire pour la recevoir; du nouveau logement qu'il alloit bâtir; des plaisirs et des surprises qu'il lui ménageroit chaque jour, quand elle seroit sa femme. Sa femme !.... Cette idée le ravissoit. " Au moins, mon père," me disoit-il, " vous " ne ferez plus rien que pour votre plaisir. Virginie " étant riche, nous aurons beaucoup de noirs qui " travailleront pour vous Vous serez toujours avec " nous, n'ayant d'autre souci que celui de vous amu- " ser et de vous réjouir " Et il alloit, hors de lui, porter à sa famille la joie dont il étoit enivré.

En peu de temps, les grandes craintes succèdent aux grandes espérances. Les passions violentes jettent toujours l'âme dans les extrêmités opposées. Souvent, dès le lendemain, Paul revenoit me voir, accablé de tristesse. Il me disoit: " Virginie ne " m'écrit point· si elle étoit partie d'Europe, elle " m'auroit mandé son départ Ah! les bruits qui " ont couru d'elle ne sont que trop fondés. Sa tante " l'a mariée à un grand seigneur. L'amour des ' richesses l'a perdue comme tant d'autres. Dans " ces livres qui peignent si bien les femmes, la vertu " n'est qu'un sujet de roman. Si Virginie avoit eu

" de

" de la vertu, elle n'auroit pas quitté sa propre mère
" et moi. Pendant que je passe ma vie à penser à
" elle, elle m'oublie. Je m'afflige, et elle se divertit.
" Ah ! cette pensée me désespère. Tout travail me
" déplaît ; toute société m'ennuie. Plût à Dieu
" que la guerre fût déclarée dans l'Inde ! j'irois y
" mourir."

" Mon fils," lui répondis-je, " le courage qui
" nous jette dans la mort, n'est que le courage d'un
" instant. Il est souvent excité par les vains applau-
" dissemens des hommes. Il en est un plus rare
" et plus nécessaire, qui nous fait supporter chaque
" jour, sans témoins et sans éloges, les traverses de
" la vie : c'est la patience. Elle s'appuie, non sur
" l'opinion d'autrui ou sur l'impulsion de nos passions,
" mais sur la volonté de Dieu. La patience est le
" courage de la vertu "

" Ah !" s'écria-t-il, " je n'ai donc point de vertu !
" tout m'accable et me désespère."—" La vertu,"
repris-je, " toujours égale, constante, invariable,
" n'est pas le partage de l'homme. Au milieu de
" tant de passions qui nous agitent, notre raison se
" trouble et s'obscurcit, mais il est des phares où
" nous pouvons en rallumer le flambeau ce sont les
" lettres.

                                        " Les

" Les lettres, mon fils, sont un secours du ciel.
" Ce sont des rayons de cette sagesse qui gouverne
" l'univers, que l'homme, inspiré par un art céleste,
" a appris à fixer sur la terre Semblables aux
" rayons du soleil, elles éclairent, elles réjouissent,
" elles échauffent, c'est un feu divin. Comme le
" feu, elles approprient toute la nature à notre usage.
" Par elles, nous réunissons autour de nous, les cho-
" ses, les lieux, les hommes et les temps. Ce sont
" elles qui nous rappellent aux règles de la vie hu-
" maine Elles calment les passions, elles répriment
" les vices, elles excitent les vertus par les exemples
" augustes des gens de bien qu'elles célèbrent, et
" dont elles nous présentent les images toujours ho-
" norées. Ce sont des filles du ciel qui descendent
" sur la terre pour calmer les maux du genre humain.
" Les grands écrivains qu'elles inspirent ont toujours
" paru dans les temps les plus difficiles à supporter à
" toute société, les temps de barbarie et ceux de dépra-
" vation. Mon fils, les lettres ont consolé une in-
" finité d'hommes plus malheureux que vous, Xéno-
" phon, exilé de sa patrie après y avoir ramené dix
" mille Grecs, Scipion l'Africain, lassé des calom-
" nies des Romains, Lucullus, de leurs brigues;
" Catinat, de l'ingratitude de la cour. Les Grecs,
" si ingénieux, avoient réparti à chacune des muses
" qui président aux lettres, une partie de notre en-
" tendement pour le gouverner. nous devons donc

K   leur

" leur donner nos passions à régir, afin qu'elles leur
" imposent un joug et un frein. Elles doivent rem-
" plir, par rapport aux puissances de notre âme, les
" mêmes fonctions que les heures qui atteloient et
" conduisoient les chevaux du soleil.

" Lisez donc, mon fils Les sages, qui ont écrit
" avant nous, sont des voyageurs qui nous ont pré-
" cédés dans les sentiers de l'infortune, qui nous ten-
" dent la main et nous invitent à nous joindre à leur
" compagnie, lorsque tout nous abandonne. Un
" bon livre est un bon ami."

" Ah !" s'écrioit Paul, " je n'avois pas besoin de
" savoir lire quand Virginie étoit ici Elle n'avoit
" pas plus étudié que moi . mais quand elle me re-
" gardoit en m'appelant *mon ami,* il m'étoit impossi-
" ble d'avoir du chagrin."

" Sans doute," lui disois-je, " il n'y a point d'ami
" aussi agréable qu'une maîtresse qui nous aime.
" Il y a de plus, dans la femme, une gaieté légère
" qui dissipe la tristesse de l'homme Ses grâces
" font évanouir les noirs fantômes de la réflexion
" Sur son visage, sont les doux attraits et la con-
" fiance Quelle joie n'est pas rendue plus vive par
" sa joie ? Quel front ne se déride pas à son sourire ?
" Quelle

" Quelle colère résiste à ses larmes? Virginie re-
" viendra avec plus de philosophie que vous. Elle
" sera bien surprise de ne pas retrouver le jardin tout
" à fait rétabli, elle qui ne songe qu'à l'embellir,
" malgré les persécutions de sa parente, loin de sa
" mère et de vous."

L'idée du retour prochain de Virginie renouveloit
le courage de Paul, et le ramenoit à ses occupations
champêtres. Heureux, au milieu de ses peines, de
proposer à son travail une fin qui plaisoit à sa passion !

Un matin, au point du jour (c'étoit le 24 Décembre, 1744), Paul, en se levant, aperçut un pavillon
blanc arboré sur la Montagne de la Découverte. Ce
pavillon étoit le signalement d'un vaisseau qu'on
voyoit en mer. Paul courut à la ville pour savoir s'il
n'apportoit pas des nouvelles de Virginie. Il y resta
jusqu'au retour du pilote du port, qui s'étoit embarqué
pour aller le reconnoître, suivant l'usage. Cet homme ne revint que le soir. Il rapporta au gouverneur
que le vaisseau signalé étoit le Saint-Géran, du port
de sept cents tonneaux, commandé par un capitaine
appelé M. Aubin, qu'il étoit à quatre lieues
au large, et qu'il ne mouilleroit au Port-Louis
que le lendemain dans l'après-midi, si le vent

K 2 étoit

étoit favorable. Il n'en faisoit point du tout alors.
Le pilote remit au gouverneur les lettres que ce vaisseau apportoit de France. Il y en avoit une pour
Madame de la Tour, de l'écriture de Virginie. Paul
s'en saisit aussitôt, la baisa avec transport, la mit dans
son sein, et courut à l'habitation. Du plus loin qu'il
aperçut la famille, qui attendoit son retour sur le *Rocher*
des Adieux, il éleva la lettre en l'air sans pouvoir
parler ; et aussitôt, tout le monde se rassembla chez
Madame de la Tour pour en entendre la lecture. Virginie mandoit à sa mère qu'elle avoit éprouvé beaucoup de mauvais procédés de la part de sa grand'tante,
qui l'avoit voulu marier malgré elle, ensuite déshéritée, et enfin renvoyée dans un temps qui ne
lui permettoit d'arriver à l'île de France que dans la
saison des ouragans, qu'elle avoit essayé en vain de
la fléchir, en lui représentant ce qu'elle devoit à sa
mère et aux habitudes du premier âge, qu'elle en
avoit été traitée de fille insensée, dont la tête étoit
gâtée par les romans, qu'elle n'étoit maintenant
sensible qu'au bonheur de revoir et d'embrasser sa
chère famille, et qu'elle eût satisfait cet ardent désir
dès le jour même, si le capitaine lui eût permis de
s'embarquer dans la chaloupe du pilote ; mais qu'il
s'étoit opposé à son départ à cause de l'éloignement
de la terre, et d'une grosse mer qui régnoit au large,
malgré le calme des vents.

A peine

A peine cette lettre fut lue, que toute la famille, transportée de joie, s'écria · " Virginie est arrivée !" Maîtres et serviteurs, tous s'embrassèrent. Madame de la Tour dit à Paul · " Mon fils, allez prévenir no-" tre voisin de l'arrivée de Virginie." Aussitôt Domingue alluma un flambeau de bois de ronde, et Paul et lui s'acheminèrent vers mon habitation.

Il pouvoit être dix heures du soir. Je venois d'éteindre ma lampe et de me coucher, lorsque j'aperçus, à travers les palissades de ma cabane, une lumière dans les bois Bientôt après, j'entendis la voix de Paul qui m'appeloit. Je me lève; et à peine j'étois habillé, que Paul, hors de lui et tout essoufflé, me saute au cou en me disant " Allons, allons, Virginie " est arrivée. Allons au port, le vaisseau y mouillera " au point du jour."

Sur le champ, nous nous mettons en route. Comme nous traversions les bois de la Montagne Longue, et que nous étions déjà sur le chemin qui mène des Pamplemousses au port, j'entendis quelqu'un marcher derrière nous. C'étoit un noir qui s'avançoit à grands pas. Dès qu'il nous eut atteints, je lui demandai d'où il venoit et où il alloit en si grande hâte. Il me répondit · " Je viens du quartier de l'île appellé " la Poudre d'Or . on m'envoie au port avertir le gou-

verneur

" verneur qu'un vaisseau de France est mouillé sous
" l'île d Ambre.   Il tire du canon pour demander du
" secours, car la mer est bien mauvaise" Cet
homme, ayant ainsi parlé, continua sa route sans
s'arrêter davantage.

Je dis alors à Paul   " Allons vers le quartier de
" la Poudre d Or, au devant de Virginie, il n'y a
" que trois lieues d'ici "   Nous nous mîmes donc en
route vers le Nord de l'île   Il faisoit une chaleur étouf-
fante   La lune étoit levée.   On voyoit autour d'elle
trois grands cercles noirs.   Le ciel étoit d'une obscurité affreuse   On distinguoit, à la lueur fréquente
des éclairs, de longues files de nuages épais, sombres,
peu élevés, qui s entassoient vers le milieu de l'île, et
venoient de la mer avec une grandé vitesse, quoiqu'on
ne sentît pas le moindre vent à terre   Chemin faisant, nous crûmes entendre rouler le tonnerre, mais
ayant prêté l'oreille attentivement, nous reconnûmes
que c'étoit des coups de canon répétés par les échos.
Ces coups de canon lointains, joints à l'aspect d'un
ciel orageux, me firent frémir   Je ne pouvois douter
qu'ils ne fussent les signaux de détresse d un vaisseau
en perdition   Une demi-heure après, nous n'entendîmes plus tirer du tout, et ce silence me parut
encore plus effrayant que le bruit lugubre qui l'avoit
précédé.

Nous

Nous nous hâtions d'avancer, sans dire un mot, et sans oser nous communiquer nos inquiétudes. Vers minuit, nous arrivâmes tout en nage sur le bord de la mer, au quartier de la Poudre d'Or. Les flots s'y brisoient avec un bruit épouvantable. Ils en couvroient les rochers et les grèves d'écumes d'un blanc éblouissant et d'étincelles de feu. Malgré les ténèbres, nous distinguâmes, à ces lueurs phosphoriques, les pirogues des pêcheurs, qu'on avoit tirées bien avant sur le sable.

A quelque distance de là, nous vîmes, à l'entrée du bois, un feu autour duquel plusieurs habitans s'étoient rassemblés. Nous fûmes nous y reposer en attendant le jour. Pendant que nous étions assis auprès de ce feu, un des habitans nous raconta que, dans l'après-midi, il avoit vu un vaisseau en pleine mer porté sur l'île par les courans; que la nuit l'avoit dérobé à sa vue, que deux heures après le coucher du soleil, il l'avoit entendu tirer du canon pour appeler du secours, mais que la mer étoit si mauvaise, qu'on n'avoit pu mettre aucun bateau dehors pour aller à lui; que bientôt après, il avoit cru apercevoir ses fanaux allumés, et que, dans ce cas, il craignoit que le vaisseau venu si près du rivage, n'eût passé entre la terre et la petite île d'Ambre, prenant celle-ci pour le Coin de Mire, près duquel passent les vaisseaux

qui

arrivent au Port-Louis que, si cela étoit, ce qu'il ne pouvoit toutefois affirmer, ce vaisseau étoit dans le plus grand péril. Un autre habitant prit la parole, et nous dit qu'il avoit traversé plusieurs fois le canal qui sépare l'île d'Ambre de la côte, qu'il l'avoit sondé, que la tenure et le mouillage en étoient très-bons, et que le vaisseau y étoit en parfaite sûreté comme dans le meilleur port " J'y mettrois toute ma " fortune," ajouta-t-il, " et j'y dormirois aussi tran- " quillement qu'à terre " Un troisième habitant dit qu'il étoit impossible que ce vaisseau pût entrer dans ce canal, où à peine les chaloupes pouvoient naviguer. Il assura qu'il l avoit vu mouiller au delà de l'île d'Ambre, en sorte que, si le vent venoit à s'élever au matin, il seroit le maître de pousser au large ou de gagner le port. D'autres habitans ouvrirent d'autres opinions. Pendant qu'ils contestoient entr'eux, suivant la cou-tume des Créoles oisifs, Paul et moi, nous gardions un profond silence Nous restâmes là jusqu'au petit point du jour, mais il faisoit trop peu de clarté au ciel pour qu'on pût distinguer aucun objet sur la mer, qui, d ailleurs, étoit couverte de brume · nous n'entrevîmes au large, qu'un nuage sombre qu'on nous dit être l'île d'Ambre, située à un quart de lieue de la côte. On n'apercevoit dans ce jour ténébreux que la pointe du rivage où nous étions, et quelques pitons des montagnes de l'intérieur de l'île, qui appa-

roissoient

roissoient de temps en temps au milieu des nuages qui circuloient autour.

Vers les sept heures du matin, nous entendîmes dans les bois un bruit de tambours, c'étoit le gouverneur, M. de la Bourdonnais, qui arrivoit à cheval, suivi d'un détachement de soldats armés de fusils, et d'un grand nombre d'habitans et de noirs. Il plaça ses soldats sur le rivage, et leur ordonna de faire feu de leurs armes tous à la fois. A peine leur décharge fut faite, que nous apperçûmes sur la mer une lueur, suivie presque aussitôt d'un coup de canon. Nous jugeâmes que le vaisseau étoit à peu de distance de nous, et nous courûmes tous du côté où nous avions vu son signal. Nous aperçûmes alors à travers le brouillard, le corps et les vergues d'un grand vaisseau. Nous en étions si près, que, malgré le bruit des flots, nous entendîmes le sifflet du maître qui commandoit la manœuvre, et les cris des matelots qui crièrent trois fois. VIVE LE ROI car c'est le cri des François dans les dangers extrêmes, ainsi que dans les grandes joies ; comme si, dans les dangers, ils appeloient leur prince à leur secours, ou comme s'ils vouloient témoigner alors qu'ils sont prêts à périr pour lui.

Depuis le moment où le Saint-Géran aperçut que nous étions à portée de le secourir, il ne cessa de tirer

du

du canon de trois minutes en trois minutes   M de la Bourdonnais fit allumer de grands feux de distance en distance sur la grève, et envoya chez tous les habitans du voisinage, chercher des vivres, des planches, des câbles, et des tonneaux vides   On en vit arriver bientôt une foule, accompagnée de leurs noirs chargés de provisions et d'agrès, qui venoient des habitations de la Poudre d'Or, du quartier de Flacque et de la rivière du Rempart   Un des plus anciens de ces habitans s approcha du gouverneur, et lui dit " Monsieur, on a entendu toute la nuit des bruits " sourds dans la montagne   Dans les bois, les feuilles " des arbres remuent, sans qu'il fasse de vent. Les " oiseaux de marine se réfugient à terre, certaine- " ment tous ces signes annoncent un ouragan."— " Eh bien, mes amis," répondit le gouverneur, " nous y sommes préparés, et surement le vaisseau " l est aussi. '

En effet, tout présageoit l'arrivée prochaine d'un ouragan. Les nuages qu'on distinguoit au zénith étoient à leur centre d'un noir affreux, et cuivrés sur leurs bords. L'air retentissoit des cris des paillencus, des frégates, des coupeurs d eau, et d'une multitude d oiseaux de marine qui, malgré l obscurité de l'atmosphère, venoient de tous les points de l'horizon chercher des retraites dans l'ile.

Vers

Vers les neuf heures du matin, on entendit du côté de la mer des bruits épouvantables, comme si des torrens d'eau, mêlés à des tonnerres, eussent roulé du haut des montagnes. Tout le monde s'écria: « Voilà l'ouragan! » et dans l'instant, un tourbillon affreux de vent enleva la brume qui couvroit l'île d'Ambre et son canal Le Saint-Géran parut alors à découvert avec son pont chargé de monde, ses vergues et ses mâts de hune amenés sur le tillac, son pavillon en berne, quatre câbles sur son avant, et un de retenue sur son arrière. Il étoit mouillé entre l'île d'Ambre et la terre, en deçà de la ceinture de récifs, qui entoure l'île de France, et qu'il avoit franchie par un endroit où jamais vaisseau n'avoit passé avant lui. Il présentoit son avant aux flots qui venoient de la pleine mer, et à chaque lame d'eau qui s'engageoit dans le canal, sa proue se soulevoit toute entière, de sorte qu'on en voyoit la carène en l'air, mais dans ce mouvement, sa poupe, venant à plonger, disparoissoit à la vue jusqu'au couronnement, comme si elle eût été submergée Dans cette position où le vent et la mer le jetoient à terre, il lui étoit également impossible de s'en aller par où il étoit venu, ou, en coupant ses câbles, d'échouer sur le rivage dont il étoit séparé par des hauts-fonds semés de récifs Chaque lame, qui venoit se briser sur la côte, s'avançoit en mugissant jusqu'au fond des anses, et y jetoit des galets

galets à plus de cinquante pieds dans les terres ; puis venant à se retirer, elle découvroit une grande partie du lit du rivage dont elle rouloit les cailloux avec un bruit rauque et affreux   La mer, soulevée par le vent, grossissoit à chaque instant, et tout le canal, compris entre cette île et l'île d'Ambre, n'étoit qu'une vaste nappe d'écumes blanches, creusée de vagues noires et profondes   Ces écumes s'amassoient dans le fond des anses, à plus de six pieds de hauteur, et le vent, qui en balayoit la surface, les portoit par-dessus l'escarpement du rivage à plus d'une demi-lieue dans les terres.   A leurs flocons blancs et innombrables qui étoient chassés horizontalement jusqu'au pied des montagnes, on eût dit d'une neige qui sortoit de la mer   L'horizon offroit tous les signes d'une longue tempête   la mer y paroissoit confondue avec le ciel. Il s'en détachoit sans cesse des nuages d'une forme horrible, qui traversoient le zénith avec la vîtesse des oiseaux, tandis que d'autres y paroissoient immobiles comme de grands rochers.   On n'apercevoit aucune partie azurée du firmament ; une lueur olivâtre et blafarde éclairoit seule tous les objets de la terre, de la mer et des cieux.

Dans les balancemens du vaisseau, ce qu'on craignoit arriva.   Les câbles de son avant rompirent ; et comme il n'étoit plus retenu que par une seule ansière,

il

il fut jeté sur les rochers à une demi-encâblure du rivage. Ce ne fut qu'un cri de douleur parmi nous. Paul alloit s'élancer à la mer, lorsque je le saisis par le bras. " Mon fils," lui dis-je, " voulez-vous pé-" " rir ?"—" Que j'aille à son secours," s'écria-t-il, " ou que je meure !" Comme le désespoir lui ôtoit la raison, pour prévenir sa perte, Domingue et moi, nous lui attachâmes à la ceinture une longue corde dont nous saisîmes l'une des extrémités. Paul alors s'avança vers le Saint-Géran, tantôt nageant, tantôt marchant sur les récifs. Quelquefois, il avoit l'espoir de l'aborder ; car la mer, dans ses mouvemens irrégu-liers, laissoit le vaisseau presque à sec, de manière qu'on en eût pu faire le tour à pied : mais bientôt après, revenant sur ses pas avec une nouvelle furie, elle le couvroit d'énormes voûtes d'eau qui soule-voient tout l'avant de sa carène, et rejetoient bien loin sur le rivage le malheureux Paul, les jambes en sang, la poitrine meurtrie, et à demi noyé. A peine ce jeune homme avoit-il repris l'usage de ses sens, qu'il se relevoit, et retournoit avec une nouvelle ar-deur vers le vaisseau que la mer cependant entr'ou-vroit par d'horribles secousses. Tout l'équipage, déses-pérant alors de son salut, se précipitoit en foule à la mer, sur des vergues, des planches, des cages à pou-les, des tables et des tonneaux. On vit alors un ob-jet digne d'une éternelle pitié une jeune demoiselle

paru

parut dans la galerie de la poupe du Saint-Géran, tendant les bras vers celui qui faisoit tant d'efforts pour la joindre. C'étoit Virginie. Elle avoit reconnu son amant à son intrépidité La vue de cette aimable personne exposée à un si terrible danger, nous remplit de douleur et de désespoir. Pour Virginie, d'un port noble et assuré, elle nous faisoit signe de la main, comme nous disant un éternel adieu. Tous les matelots s'étoient jetés à la mer. Il n'en restoit plus qu'un sur le pont, qui étoit tout nu et nerveux comme Hercule Il s'approcha de Virginie avec respect, nous le vîmes se jeter à ses genoux, et s'efforcer même de lui ôter ses habits mais elle, le repoussant avec dignité, détourna de lui sa vue. On entendit aussitôt ces cris redoublés des spectateurs : " Sauvez-la, sauvez-la, ne la quittez pas " Mais dans ce moment, une montagne d'eau d'une effroyable grandeur s'engouffra entre l'île d'Ambre et la côte, et s'avança en rugissant vers le vaisseau qu'elle menaçoit de ses flancs noirs et de ses sommets écumans A cette terrible vue, le matelot s'élança seul à la mer, et Virginie, voyant la mort inévitable, posa une main sur ses habits, l'autre sur son cœur, et levant en haut des yeux sereins, parut un ange qui prend son vol vers les cieux

O jour affreux ! hélas ! tout fut englouti La
lame

lame jeta bien avant dans les terres une partie des
spectateurs qu'un mouvement d'humanité avoit portés
à s'avancer vers Virginie, ainsi que le matelot qui
l'avoit voulu sauver à la nage. Cet homme échappé
à une mort presque certaine, s'agenouilla sur le sable
en disant " O mon Dieu! vous m'avez sauvé la
" vie, mais je l'aurois donnée de bon cœur pour
" cette digne demoiselle qui n'a jamais voulu se dés-
" habiller comme moi " Domingue et moi, nous
retirâmes des flots le malheureux Paul sans connoissance, rendant le sang par la bouche et par les oreil-
les Le gouverneur le fit mettre entre les mains des
chirurgiens, et nous cherchâmes de notre côté, le
long du rivage, si la mer n'y apporteroit point le
corps de Virginie mais le vent ayant tourné subite-
ment, comme il arrive dans les ouragans, nous eûmes
le chagrin de penser que nous ne pourrions pas
même rendre a cette fille infortunée les devoirs de la
sépulture Nous nous éloignâmes de ce lieu, accablés de consternation, tous l'esprit frappés d'une
seule perte, dans un naufrage où un grand nombre de
personnes avoient péri, la plupart doutant, par une
fin aussi funeste d'une fille si vertueuse, qu'il existât
une Providence ; car il y a des maux si terribles et
si peu mérités, que l'espérance même du sage en est
ébranlée.

Cependant,

Cependant, on avoit mis Paul, qui commençoit à reprendre les sens, dans une maison voisine, jusqu'à ce qu'il fût en état d'être transporté à son habitation. Pour moi, je m'en revins avec Domingue, afin de préparer la mère de Virginie et son amie à ce désastreux événement. Quand nous fûmes à l'entrée du vallon de la Rivière des Lataniers, des noirs nous dirent que la mer jetoit beaucoup de débris du vaisseau dans la baie vis-à-vis. Nous y descendîmes, et un des premiers objets que j'aperçus sur le rivage, fut le corps de Virginie. Elle étoit à moitié couverte de sable, dans l'attitude où nous l'avions vue périr Ses traits n'étoient point sensiblement altérés Ses yeux étoient fermés ; mais la sérénité étoit encore sur son front : seulement les pâles violettes de la mort se confondoient sur ses joues avec les roses de la pudeur. Une de ses mains étoit sur ses habits, et l'autre, qu'elle appuyoit sur son cœur, étoit fortement fermée et roidie. J'en dégageai avec peine une petite boîte . mais quelle fut ma surprise, lorsque je vis que c'étoit le portrait de Paul, qu'elle lui avoit promis de ne jamais abandonner tant qu'elle vivroit ! A cette dernière marque de la constance et de l'amour de cette fille infortunée, je pleurai amèrement. Pour Domingue, il se frappoit la poitrine, et perçoit l'air de ses cris douloureux. Nous portâmes le corps de Virginie dans une cabane de pêcheurs,

M.E.S. F.melpierre inv.t

Publish'd by Vernor & Hood August 1 1796

pêcheurs, où nous le donnâmes à garder à de pauvres femmes Malabares, qui prirent soin de le laver.

Pendant qu'elles s'occupoient de ce triste office, nous montâmes en tremblant à l'habitation. Nous y trouvâmes Madame de la Tour et Marguerite en prières, en attendant des nouvelles du vaisseau. Dès que Madame de la Tour m'aperçut, elle s'écria " Où est ma fille ? ma chère fille ? mon enfant ?" Ne pouvant douter de son malheur à mon silence et à mes larmes, elle fut saisie tout à coup d'é-touffemens et d'angoisses douloureuses, sa voix ne faisoit plus entendre que des soupirs et des sanglots Pour Marguerite, elle s'écria. " Où est " mon fils ? Je ne vois point mon fils," et elle s'éva-nouit. Nous courûmes à elle, et l'ayant fait reve-nir, je l'assurai que Paul étoit vivant, et que le gou-verneur en faisoit prendre soin. Elle ne reprit ses sens, que pour s'occuper de son amie, qui tomboit de temps en temps dans de longs évanouissemens. Ma-dame de la Tour passa toute la nuit dans ces cruelles souffrances, et par leurs longues périodes, je jugeai qu'aucune douleur n'étoit égale à la douleur mater-nelle. Quand elle recouvroit la connoissance, elle tournoit des regards fixes et mornes vers le ciel. En vain son amie et moi, nous lui pressions les mains dans les notres, en vain nous l appelions par les noms

les

les plus tendres, elle paroissoit insensible à ces témoignages de notre ancienne affection, et il ne sortoit de sa poitrine oppressée que de sourds gémissemens.

Dès le matin, on apporta Paul couché dans un palanquin. Il avoit repris l'usage de ses sens ; mais il ne pouvoit proférer une parole. Son entrevue avec sa mère et Madame de la Tour, que j'avois d'abord redoutée, produisit un meilleur effet que tous les soins que j'avois pris jusqu'alors Un rayon de consolation parut sur le visage de ces deux malheureuses mères Elles se mirent l'une et l'autre auprès de lui, le saisirent dans leurs bras, le baisèrent, et leurs larmes qui avoient été suspendues jusqu'alors par l'excès de leur chagrin, commencèrent à couler. Paul y mêla bientôt les siennes La nature s'étant ainsi soulagée dans ces trois infortunés, un long assoupissement succéda à l'état convulsif de leur douleur, et leur procura un repos léthargique, semblable, à la vérité, à celui de la mort

M. de la Bourdonnais m'envoya avertir secrètement que le corps de Virginie avoit été apporté à la ville par son ordre, et que de là, on alloit le transférer à l'église des Pamplemousses. Je descendis aussitôt au Port-Louis, où je trouvai des habitans de tous les quartiers rassemblés pour assister à ses funérailles.

railles, comme si l'île eût perdu en elle ce qu'elle avoit de plus cher. Dans le port, les vaisseaux avoient leurs vergues croisées, leurs pavillons en berne, et tiroient du canon par longs intervalles. Des grenadiers ouvroient la marche du convoi. Ils portoient leurs fusils baissés. Leurs tambours, couverts de longs crêpes, ne faisoient entendre que des sons lugubres, et on voyoit l'abattement peint dans les traits de ces guerriers, qui avoient tant de fois affronté la mort dans les combats, sans changer de visage. Huit jeunes demoiselles, des plus considérables de l'île, vêtues de blanc et tenant des palmes à la main, portoient le corps de leur vertueuse compagne, couvert de fleurs. Un chœur de petits enfans le suivoit en chantant des hymnes après eux, venoit tout ce que l'île avoit de plus distingué dans ses habitans et dans son état major, à la suite duquel marchoit le gouverneur, suivi de la foule du peuple.

Voilà ce que l'administration avoit ordonné, pour rendre quelques honneurs à la vertu de Virginie. Mais quand son corps fût arrivé au pied de cette montagne, à la vue de ces mêmes cabanes dont elle avoit fait si long-temps le bonheur, et que sa mort remplissoit maintenant de désespoir · toute la pompe funèbre fut dérangée ; les hymnes et les chants cessèrent, on n'entendit plus dans la plaine que des

I 2   soupirs

soupirs et des sanglots On vit accourir alors des troupes de jeunes filles des habitations voisines, pour faire toucher, au cercueil de Virginie, des mouchoirs, des chapelets et des couronnes de fleurs, en l'invoquant comme une sainte. Les mères demandoient à Dieu une fille comme elle ; les garçons, des amantes aussi constantes ; les pauvres, une amie aussi tendre, les esclaves, une maîtresse aussi bonne.

Lorsqu'elle fut arrivée au lieu de sa sépulture, des négresses de Madagascar et des Caffres de Mosambique déposèrent autour d'elle des paniers de fruits, et suspendirent des pièces d'étoffes aux arbres voisins, suivant l'usage de leur pays. Des Indiennes du Bengale et de la côte Malabare, apportèrent des cages pleines d'oiseaux, auxquels elles donnèrent la liberté sur son corps ; tant la perte d'un objet aimable intéresse toutes les nations, et tant est grand le pouvoir de la vertu malheureuse, puisqu'elle réunit toutes les religions autour de son tombeau !

Il fallut mettre des gardes auprès de sa fosse, et en écarter quelques filles des pauvres habitans, qui vouloient s'y jeter à toute force, disant qu'elles n'avoient plus de consolation à espérer dans le monde, et qu'il ne leur restoit qu'à mourir avec celle qui étoit leur unique bienfaitrice.

On

On l'enterra près de l'église des Pamplemousses, sur son côté occidental, au pied d'une touffe de bambous, où en venant à la messe avec sa mère et Marguerite, elle aimoit à se reposer, assise à côté de celui qu'elle appeloit alors son frère.

Au retour de cette pompe funèbre, M. de la Bour-donnais monta ici, suivi d'une partie de son nom-breux cortège. Il offrit à Madame de la Tour et à son amie tous les secours qui dépendoient de lui. Il s'exprima en peu de mots, mais avec indignation, contre sa tante dénaturée, et s'approchant de Paul, il lui dit tout ce qu'il crut propre à le consoler. " Je " désirois," lui dit-il, " votre bonheur et celui de " votre famille · Dieu m'en est témoin. Mon ami, il " faut aller en France, je vous y ferai avoir du ser-' vice. Dans votre absence, j'aurai soin de votre ' " mère comme de la mienne," et en même temps, il lui présenta la main, mais Paul retira la sienne, et détourna la tête pour ne le pas voir.

Pour moi, je restai dans l'habitation de mes amies infortunées, pour leur donner, ainsi qu'à Paul, tous les secours dont j'étois capable. Au bout de trois semaines, Paul fut en état de marcher, mais son chagrin paroissoit augmenter, à mesure que son corps reprenoit des forces. Il étoit insensible à tout, ses regards étoient éteints, et il ne répondoit rien à toutes les questions qu'on pouvoit lui faire. Madame de la Tour, qui étoit mourante, lui disoit souvent " Mon fils, tant que je vous verrai, je croirai voir " ma chère Virginie." A ce nom de Virginie, il tressailloit et s'éloignoit d'elle, malgré les invitations de sa mère qui le rappeloit auprès de son amie. Il alloit seul se retirer dans le jardin, et s'asseyoit au pied du cocotier de Virginie, les yeux fixés sur sa fontaine Le chirurgien du gouverneur, qui avoit pris le plus grand soin de lui et de ces dames, nous dit que, pour le tirer de sa noire mélancolie, il falloit lui laisser faire tout ce qu'il lui plairoit, sans le contrarier en rien, qu'il n'y avoit que ce seul moyen de vaincre le silence auquel il s'obstinoit.

Je résolus de suivre son conseil. Dès que Paul sentit ses forces un peu rétablies, le premier usage qu'il en fit, fut de s'éloigner de l'habitation. Comme je ne le perdois pas de vue, je me mis en marche après lui, et je dis à Domingue de prendre des vivres et de nous accompagner. A mesure que ce jeune homme descendoit cette montagne, sa joie et ses forces sembloient renaître Il prit d'abord le chemin des Pamplemousses, et quand il fut auprès de l'église, dans l'allée des bambous, il s'en fut droit au lieu où il vit la terre fraîchement remuée, là, il s'agenouilla, et levant les yeux au ciel, il fit une longue prière. Sa démarche me parut

parut de bon augure pour le retour de sa raison, puisque cette marque de confiance envers l'Etre Suprême, faisoit voir que son âme commençoit à reprendre ses fonctions naturelles. Domingue et moi, nous nous mîmes à genoux à son exemple, et nous priâmes avec lui. Ensuite, il se leva, et prit sa route vers le Nord de l'île, sans faire beaucoup d'attention à nous. Comme je savois qu'il ignoroit non seulement où on avoit déposé le corps de Virginie, mais même s'il avoit été retiré de la mer, je lui demandai pourquoi il avoit été prier Dieu au pied de ces bambous, il me répondit : " Nous y avons été si souvent!"

Il continua sa route jusqu'à l'entrée de la forêt, où la nuit nous surprit. Là, je l'engageai par mon exemple à prendre quelque nourriture; ensuite, nous dormîmes sur l'herbe, au pied d'un arbre. Le lendemain, je crus qu'il se détermineroit à revenir sur ses pas. En effet, il regarda quelque temps dans la plaine l'église des Pamplemousses avec ses longues avenues de bambous, et il fit quelques mouvemens comme pour y retourner, mais il s'enfonça brusquement dans la forêt, en dirigeant toujours sa route vers le Nord. Je pénétrai son intention, et je m'efforçai en vain de l'en distraire. Nous arrivâmes sur le milieu du jour au quartier de la Poudre-d'Or. Il descendit précipitamment au bord de la mer, vis-à-vis du lieu où avoit péri le Saint-Géran. A la vue de l'île d'Ambre et de son canal, alors uni comme un miroir, il s'écria " Virginie ! ô ma chère Virginie !" et aussitôt il tomba en défaillance. Domingue et moi, nous le portâmes dans l'intérieur de la forêt, où nous le fîmes revenir avec bien de la peine Dès qu'il eut repris ses sens, il voulut retourner sur les bords de la mer , mais l'ayant supplié de ne pas renouveler sa douleur et la nôtre par de si cruels ressouvenirs, il prit une autre direction Enfin, pendant huit jours, il se rendit dans tous les lieux où il s'étoit trouvé avec la compagne de son enfance Il parcourut le sentier par où elle avoit été demander la grâce de l'esclave de la Rivière Noire, il revit ensuite les bords de la Rivière des Trois Mamelles, où elle s'assit ne pouvant plus marcher, et la partie du bois où elle s'étoit égarée Tous les lieux qui lui rappeloient les inquiétudes, les jeux, les repas, la bienfaisance de sa bien-aimée ; la rivière de la Montagne Longue, ma petite maison, la cascade voisine, le papayer qu'elle avoit planté, les pelouses où elle aimoit à courir, les carrefours de la forêt où elle se plaisoit à chanter, firent tour à tour couler ses larmes , et les mêmes échos qui avoient retenti tant de fois de leurs cris de joie communs, ne répétoient plus maintenant que ces mots douloureux · " Vir-" ginie ! ô ma chère Virginie !"

Dans

Dans cette vie sauvage et vagabonde, ses yeux se cavèrent, son teint jaunit et sa santé s'altéra de plus en plus. Persuadé que le sentiment de nos maux redouble par le souvenir de nos plaisirs, et que les passions s'accroissent dans la solitude, je résolus d'éloigner mon infortuné ami des lieux qui lui rappeloient le souvenir de sa perte, et de le transférer dans quelque endroit de l'île où il y eût beaucoup de dissipation. Pour cet effet, je le conduisis sur les hauteurs habitées du quartier de Williams, où il n'avoit jamais été. L'agriculture et le commerce répandoient alors dans cette île beaucoup de mouvement et de variété. Il y avoit des troupes de charpentiers qui équarissoient des bois, et d'autres qui les scioient en planches; des voitures alloient et venoient le long de ses chemins· de grands troupeaux de bœufs et de chevaux y paissoient dans de vastes pâturages, et la campagne y étoit parsemée d'habitations. L'élévation du sol y permettoit en plusieurs lieux la culture de diverses espèces de végétaux de l'Europe. On y voyoit çà et là des moissons de bled dans la plaine, des tapis de fraisiers dans les éclaircis des bois, et des haies de rosiers le long des routes. La fraîcheur de l'air, en donnant de la tension aux nerfs, y étoit même favorable à la santé des blancs. De ces hauteurs, situées vers le milieu de l'île, et entourées de grands bois, on n'apercevoit ni la mer, ni le

Port-

Port-Louis, ni l'église des Pamplemousses, ni rien
qui pût rappeler à Paul le souvenir de Virginie.　Les
montagnes même, qui présentent différentes branches
du côté du Port-Louis, n'offrent plus, du côté des
plaines de Williams, qu'un long promontoire en
ligne droite et perpendiculaire, d'où s'élèvent plusieurs longues pyramides de rochers, où se rassem-
blent les nuages.

Ce fut donc dans ces plaines où je conduisis Paul
Je le tenois sans cesse en action, marchant avec lui
au soleil et à la pluie, de jour et de nuit, l'égarant
exprès dans les bois, les défriches, les champs, afin
de distraire son esprit par la fatigue de son corps, et
de donner le change à ses réflexions par l'ignorance du lieu où nous étions, et du chemin
que nous avions perdu.　Mais l'âme d'un amant
retrouve partout les traces de l'objet aimé.　La nuit
et le jour, le calme des solitudes et le bruit des habitations, le temps même qui emporte tant de souvenirs,
rien ne peut l'en écarter　Comme l'aiguille touchée
de l'aimant, elle a beau être agitée, dès qu'elle ren-
tre dans son repos, elle se tourne vers le pôle qui
l'attire　Quand je demandois à Paul, égaré au milieu
des plaines de Williams　" Où irons-nous main-
" tenant?" Il se tournoit vers le Nord et me disoit.
" Voilà nos montagnes, retournons-y."

Je

Je vis bien que tous les moyens que je tentois pour le distraire étoient inutiles, et qu'il ne me restoit d'autre ressource que d'attaquer sa passion en elle-même, en y employant toutes les forces de ma foible raison. Je lui répondis donc : " Oui, voilà les mon-" tagnes où demeuroit votre chère Virginie, et voilà " le portrait que vous lui aviez donné, et qu'en mou-" rant elle portoit sur son cœur, dont les derniers " mouvemens ont encore été pour vous." Je présen-tai alors à Paul le petit portrait qu'il avoit donné à Vir-ginie au bord de la fontaine des cocotiers A cette vue, une joie funeste parut dans ses regards Il saisit évidement ce portrait de ses foibles mains, et le porta sur sa bouche. Alors, sa poitrine s'oppressa, et dans ses yeux à demi sanglans, des larmes s'arrêtèrent sans pouvoir couler

Je lui dis · " Mon fils, écoutez-moi, moi qui suis " votre ami, qui ai été celui de Virginie, et qui, au " milieu de vos espérances, ai souvent tâché de " fortifier votre raison contre les accidens imprévus de ' la vie Que déplorez-vous avec tant d'amertume? ' Est-ce votre malheur? est-ce celui de Virginie?

" Votre malheur? Oui, sans doute, il est grand. " Vous avez perdu la plus aimable des filles, qui " auroit été la plus digne des femmes. Elle avoit

" sacrifié

" sacrifié ses intérêts aux vôtres, et vous avoit pré-
" féré à la fortune comme la seule récompense digne
" de sa vertu Mais que savez-vous si l'objet de qui
" vous deviez attendre un bonheur si pur, n'eût pas
" été pour vous la source d'une infinité de peines?
" Elle étoit sans bien et déshéritée. Vous n'aviez
" désormais à partager avec elle que votre seul tra-
" vail. Revenue plus délicate par son éducation, et
" plus courageuse par son malheur même, vous
" l'auriez vue chaque jour succomber, en s'efforçant
" de partager vos fatigues Quand elle vous auroit
" donné des enfans, ses peines et les vôtres auroient
" augmenté par la difficulté de soutenir seule avec
" vous de vieux parens et une famille naissante.

" Vous me direz Le gouverneur nous auroit ai-
" dés Que savez-vous, si, dans une colonie qui
" change si souvent d'administrateurs, vous aurez
" souvent des la Bourdonnais? s'il ne viendra pas ici
" des chefs sans mœurs et sans morale? si, pour ob-
" tenir quelque misérable secours, votre épouse
" n'eût pas été obligée de leur faire sa cour? Ou elle
" eût été foible, et vous eussiez été à plaindre, ou
" elle eût été sage, et vous fussiez resté pauvre
" heureux, si, à cause de sa beauté et de sa vertu,
" vous n'eussiez pas été persécuté par ceux même
" de qui vous espériez de la protection !

" Il

" Il me fût resté, me direz-vous, le bonheur indé-
" pendant de la fortune, de protéger l'objet aimé qui
" s'attache à nous, à proportion de sa foiblesse même,
" de le consoler par mes propres inquiétudes,
" de le réjouir de ma tristesse, et d'accroître notre
" amour de nos peines mutuelles. Sans doute la ver-
" tu et l'amour jouissent de ces plaisirs amers Mais
" elle n'est plus, et il vous reste ce qu'après vous elle
" a le plus aimé, sa mère et la vôtre, que votre dou-
" leur inconsolable conduira au tombeau. Mettez
" votre bonheur à les aider, comme elle l'y avoit mis
" elle-même Mon fils, la bienfaisance est le bon-
" heur de la vertu, il n'y en a point de plus assuré
" et de plus grand sur la terre. Les projets de plaisirs,
" de repos, de délices, d'abondance, de gloire, ne
" sont point faits pour l'homme foible, voyageur et
" passager. Voyez comme un pas vers la fortune
" nous a précipités tous d'abîme en abîme. Vous
" vous y êtes opposé, il est vrai, mais qui n'eût pas
" cru que le voyage de Virginie devoit se terminer
" par son bonheur et par le vôtre ? Les invitations
" d'une parente riche et âgée, les conseils d'un sage
" gouverneur, les applaudissemens d'une colonie;
" les exhortations et l'autorité d'un prêtre, ont décidé
" du malheur de Virginie. Ainsi nous courons à notre
" perte, trompés par la prudence même de ceux qui
" nous gouvernent. Il eût mieux valu sans doute ne
" pas les croire, ni se fier à la voix et aux espérances
" d'un

" d'un monde trompeur   Mais enfin, de tant d'hom-
" mes que nous voyons si occupés dans ces plaines,
" de tant d'autres qui vont chercher la fortune aux
" Indes, ou qui, sans sortir de chez eux, jouissent en
" repos en Europe des travaux de ceux-ci, il n'y en
" a aucun qui ne soit destiné à perdre un jour ce
" qu'il chérit le plus; grandeurs, fortune, femme,
" enfans, amis   La plupart auront à joindre à leur
" perte le souvenir de leur propre imprudence. Pour
" vous, en rentrant en vous-même, vous n'avez rien
" à vous reprocher.   Vous avez été fidèle à votre foi
" Vous avez eu, à la fleur de la jeunesse, la prudence
" d'un sage, en ne vous écartant pas du sentiment
" de la nature   Vos vues seules étoient légi-
" times,   parce qu'elles étoient pures, simples,
" désintéressées, et que vous aviez sur Virginie des
" droits sacrés, qu'aucune fortune ne pouvoit balan-
" cer. Vous l'avez perdue, et ce n'est ni votre im-
" prudence, ni votre avarice, ni votre fausse sagesse
" qui vous l'ont fait perdre   mais Dieu même, qui a
" employé les passions d'autrui pour vous ôter l'objet
" de votre amour, Dieu, de qui vous tenez tout;
" qui voit tout ce qui vous convient, & dont la sa-
" gesse ne vous laisse aucun lieu au repentir et au
" désespoir, qui marchent à la suite des maux dont
" nous avons été la cause.

" Voilà ce que vous pouvez vous dire dans votre
                                        " infor-

" infortune : Je ne l'ai pas mérité. Est-ce donc le mal-
" heur de Virginie, sa fin, son état présent, que vous
" déplorez ? Elle a subi le sort réservé à la nais-
" sance, à la beauté et aux empires mêmes. La vie
" de l'homme, avec tous ses projets, s'élève comme
" une petite tour dont la mort est le couronnement.
" En naissant, elle étoit condamnée à mourir. Heu-
" reuse d'avoir dénoué les liens de la vie avant sa
" mère, avant la vôtre, avant vous, c'est-à-dire, de
" n'être pas morte plusieurs fois avant la dernière !

" La mort, mon fils, est un bien pour tous les
" hommes. Elle est la nuit de ce jour inquiet qu'on
" appelle la vie. C'est dans le sommeil de la mort
' que reposent pour jamais les maladies, les douleurs,
" les chagrins, les craintes, qui agitent sans cesse les
" malheureux vivans. Examinez les hommes qui
" paroissent les plus heureux, vous verrez qu'ils ont
" acheté leur prétendu bonheur bien chèrement ; la
" considération publique, par des maux domestiques ;
" la fortune, par la perte de la santé, le plaisir si
" rare d'être aimé, par des sacrifices continuels, et
" souvent à la fin d'une vie sacrifiée aux intérêts
' d'autrui, ils ne voient autour d'eux que des amis
' faux et des parens ingrats. Mais Virginie a été
" heureuse jusqu'au dernier moment. Elle l'a été
" avec nous par les biens de la nature, loin de nous
" par

" par ceux de la vertu : et même dans le moment
" terrible où nous l'avons vue périr, elle étoit encore
" heureuse, car soit qu'elle jetât les yeux sur une
" colonie entière à qui elle causoit une désolation uni-
" verselle, ou sur vous qui couriez avec tant d'intré-
" pidité à son secours, elle a vu combien elle nous
" étoit chère à tous. Elle s'est fortifiée contre l'ave-
" nir, par le souvenir de l'innocence de sa vie, et
" elle a reçu alors le prix que le ciel réserve à la
" vertu, un courage supérieur au danger. Elle a
" présenté à la mort un visage serein.

" Mon fils, Dieu donne à la vertu tous les événe-
" mens de la vie à supporter, pour faire voir qu'elle
" seule peut en faire usage et y trouver du bonheur et
" de la gloire. Quand il lui réserve une réputation
" illustre, il l'élève sur un grand théâtre et la met aux
" prises avec la mort alors son courage sert d'exem-
" ple, et le souvenir de ses malheurs reçoit à jamais
" un tribut de larmes de la postérité Voilà le monu-
" ment immortel qui lui est réservé sur une terre
" où tout passe, et où la mémoire même de la plu-
" part des rois est bientôt ensevelie dans un éternel
" oubli.

" Mais Virginie existe encore Mon fils, voyez
" que tout change sur la terre, et que rien ne s'y perd.
" Aucun

« Aucun art humain ne pourroit anéantir la plus
« petite particule de matière, et ce qui fut raison-
« nable, sensible, aimant, vertueux, religieux, auroit
' péri, lorsque les élémens dont il étoit revêtu sont
« indestructibles ! Ah ! si Virginie a été heureuse
« avec nous, elle l'est maintenant bien davantage
« Il y a un Dieu, mon fils toute la nature l'an-
« nonce, je n'ai pas besoin de vous le prouver Il
« n'y a que la méchanceté des hommes qui leur
« fasse nier une justice qu'ils craignent Son senti-
« ment est dans votre cœur, ainsi que ses ouvrages
« sont sous vos yeux. Croyez-vous donc qu'il laisse
« Virginie sans récompense ? Croyez-vous que cette
« même puissance qui avoit revêtu cette âme si
« noble d'une forme si belle, où vous sentirez un
« art divin, n'auroit pu la tirer des flots ? que celui
« qui a arrangé le bonheur actuel des hommes par
« des lois que vous ne connoissez pas, ne puisse
« en préparer un autre à Virginie par des lois qui
« vous sont également inconnues ? Quand nous
' étions dans le néant, si nous eussions été capables
« de penser, aurions-nous pu nous former une idée
' de notre existence ? Et maintenant que nous som-
« mes dans cette existence ténébreuse et fugitive,
« pouvons-nous prévoir ce qu'il y a au delà de la
« mort, par où nous en devons sortir ? Dieu a-t-il
« besoin, comme l'homme, du petit globe de notre

M   « terre

" terre pour servir de théâtre à son intelligence et à sa
" bonté, et n'a-t-il pu propager la vie humaine que
" dans les champs de la mort ? Il n'y a pas dans
" l'Océan une seule goutte d'eau qui ne soit pleine
" d'êtres vivans, qui ressortissent à nous, et il n'exis-
" teroit rien pour nous parmi tant d'astres qui rou-
" lent sur nos têtes ! Quoi ! il n'y auroit d'intelli-
" gence suprême et de bonté divine précisément que
" là où nous sommes, et dans ces globes rayonnans
" et innombrables, dans ces champs infinis de lumière
" qui les environnent, que ni les orages, ni les nuits
" n'obscurcissent jamais, il n'y auroit qu'un espace
" vain et un néant éternel ! Si nous, qui ne nous
" sommes rien donné, osions assigner des bornes à
' la puissance de laquelle nous avons tout reçu, nous
" pourrions croire que nous sommes ici sur les limites
" de son empire, où la vie se débat avec la mort, et
" l'innocence avec la tyrannie

" Sans doute, il est quelque part un lieu où la
" vertu reçoit sa récompense. Virginie maintenant
" est heureuse. Ah ! si, du séjour des anges, elle
" pouvoit se communiquer à vous, elle vous diroit
" comme dans ses adieux O Paul ! la vie n'est
" qu'une épreuve. J'ai été trouvée fidele aux lois
" de la nature, de l'amour et de la vertu J'ai tra-
" versé les mers pour obéir à mes parens, j'ai re-
                                        " noncé

" noncé aux richesses pour conserver ma foi · et j'ai
" mieux aimé perdre la vie que de violer la pudeur.
" Le ciel a trouvé ma carrière suffisamment remplie
" J'ai échappé pour toujours à la pauvreté, à la ca-
" lomnie, aux tempêtes, au spectacle des douleurs
" d'autrui Aucun des maux qui effraient les hom-
" mes ne peut plus désormais m'atteindre, et vous
" me plaignez ! Je suis pure et inaltérable comme
" une particule de lumière et vous me rappelez
" dans la nuit de la vie ! O Paul ! ô mon ami ! sou-
" viens-toi de ces jours de bonheur, où, dès le matin,
" nous goûtions la volupté des cieux, se levant avec le
" soleil sur les pitons de ces rochers, et se répandant
" avec ses rayons au sein de nos forêts Nous
" éprouvions un ravissement dont nous ne pouvions
' comprendre la cause Dans nos souhaits in-
" nocens, nous désirions être toute vue pour jouir des
" riches couleurs de l'aurore, tout odorat, pour
" sentir les parfums de nos plantes, toute ouïe, pour
" entendre les concerts de nos oiseaux, tout cœur,
" pour reconnoître ces bienfaits. Maintenant à la
" source de la beauté d'où découle tout ce qui est
" agréable sur la terre, mon âme voit, goûte, entend,
" touche immédiatement ce qu'elle ne pouvoit sentir
" alors que par de foibles organes Ah ! quelle
" langue pourroit décrire ces rivages d'un orient
" éternel que j'habite pour toujours ? Tout ce qu'une

" puissance

" puissance infinie et une bonté céleste ont pu créer
" pour consoler un être malheureux ; tout ce que
" l'amitié d'une infinité d'êtres, réjouis de la même
" félicité, peut mettre d'harmonie dans des transports
" communs, nous l'éprouvons sans mélange. Sou-
" tiens donc l'épreuve qui t'est donnée, afin d'ac-
" croître le bonheur de ta Virginie par des amours
" qui n'auront plus de terme, par un hymen dont
" les flambeaux ne pourront plus s'éteindre Là,
" j'apaiserai tes regrets, là, j'essuierai tes larmes.
" O mon ami ! mon jeune époux ! élève ton âme
" vers l'infini, pour supporter des peines d un mo-
" ment."

Ma propre émotion mit fin à mon discours. Pour
Paul, me regardant fixement, il s'écria " Elle n'est
" plus ! elle n'est plus !" Et une longue foiblesse succéda à ces douloureuses paroles Ensuite, revenant à lui,
il dit " Puisque la mort est un bien, et que Virginie
" est heureuse, je veux aussi mourir pour me rejoindre
" à Virginie " Ainsi mes motifs de consolation ne
servirent qu'à nourrir son désespoir. J'étois comme
un homme qui veut sauver son ami coulant à fond au
milieu d'un fleuve sans vouloir nager. La douleur
l avoit submergé. Hélas ! les malheurs du premier
âge préparent l homme à entrer dans la vie, et Paul
n en avoit jamais éprouvé.

Je

Je le ramenai à son habitation. J'y trouvai sa
mère et Madame de la Tour dans un état de langueur
qui avoit encore augmenté. Marguerite étoit la
plus abattue Les caractères vifs sur lesquels glissent
les peines légères, sont ceux qui résistent le moins
aux grands chagrins

Elle me dit " O mon bon voisin! il m'a semblé
' cette nuit voir Virginie vêtue de blanc, au milieu de
" bocages et de jardins délicieux Elle m'a dit Je
" jouis d'un bonheur digne d'envie. Ensuite, elle
" s'est approchée de Paul d'un air riant, et l'a enlevé
" avec elle. Comme je m'efforçois de retenir mon
" fils, j'ai senti que je quittois moi-même la terre, et
" que je le suivois avec un plaisir inexprimable.
" Alors j ai voulu dire adieu à mon amie· mais je
" l'ai vue qui nous suivoit avec Marie et Domingue.
" Mais ce que je trouve encore de plus étrange,
" c'est que Madame de la Tour a fait, cette même
" nuit, un songe accompagné des mêmes circonstan-
" ces "

Je lui répondis· " Mon amie, je crois que rien
" n'arrive dans le monde sans la permission de Dieu.
' Les songes annoncent quelquefois la vérité "

Madame de la Tour me fit le récit d'un songe tout
à fait

à fait semblable, qu'elle avoit eu cette même nuit; je n'avois jamais remarqué dans ces deux dames aucun penchant à la superstition, je fus donc frappé de la concordance de leur songe, et je ne doutai pas en moi-même qu'il ne vint à se réaliser. Cette opinion, que la vérité se présente quelquefois à nous pendant le sommeil, est répandue chez tous les peuples de la terre. Les plus grands hommes de l'antiquité y ont ajouté foi, entr'autres, Alexandre, César, les Scipions, les deux Catons et Brutus, qui n'étoient pas des esprits foibles. L'Ancien et le Nouveau Testament nous fournissent quantité d'exemples de songes qui se sont réalisés. Pour moi, je n'ai besoin à cet égard que de ma propre expérience, et j'ai éprouvé plus d'une fois que les songes sont des avertissemens que nous donne quelque intelligence qui s'intéresse à nous. Que si l'on veut combattre ou défendre, avec des raisonnemens, des choses qui surpassent la lumiere de la raison humaine, c'est ce qui n'est pas possible. Cependant, si la raison de l'homme n'est qu'une image de celle de Dieu, puisque l'homme trouve bien le moyen de faire parvenir ses intentions jusqu'au bout du monde, par des moyens secrets et cachés, pourquoi l'intelligence qui gouverne l'univers n'en emploieroit-elle pas de semblables pour la même fin? Un ami console son ami par une lettre qui traverse une multitude de royaumes, circule au milieu des haines des nations, et vient

apporter

apporter de la joie et de l'espérance à un seul homme, pourquoi le souverain protecteur de l'innocence
ne peut-il venir, par quelque voie secrète, au secours
d'une âme vertueuse qui ne met sa confiance qu'en
lui seul? A-t-il besoin d'employer quelque signe
extérieur pour exécuter sa volonté, lui qui agit sans
cesse dans tous ses ouvrages par un travail intérieur?

Pourquoi douter des songes? La vie, remplie de
tant de projets passagers et vains, est-elle autre chose
qu'un songe?

Quoiqu'il en soit, celui de mes amies infortunées
se réalisa bientôt. Paul mourut deux mois après la
mort de sa chère Virginie, dont il prononçoit sans
cesse le nom. Marguerite vit venir sa fin huit jours
après celle de son fils, avec une joie qu'il n'est donné
qu'à la vertu d'éprouver. Elle fit les plus tendres
adieux à Madame de la Tour, " dans l'espérance,"
lui dit-elle, " d'une douce et éternelle réunion. La
mort est le plus grand des biens," ajouta-t-elle,
on doit la désirer. Si la vie est une punition, on
doit en souhaiter la fin: si c'est une épreuve, on
doit la demander courte."

Le gouvernement prit soin de Domingue et de
Marie, qui n'étoient plus en état de servir, et qui ne
survé-

survécurent pas long-temps à leur maîtresse Pour le pauvre Fidele, il étoit mort de langueur à peu près dans le même temps que son maître.

J'amenai chez moi Madame de la Tour, qui se soutenoit au milieu de si grandes pertes avec une grandeur d'âme incroyable. Elle avoit consolé Paul et Marguerite jusqu'au dernier instant, comme si elle n'avoit eu que leur malheur à supporter Quand elle ne les vit plus, elle m'en parloit chaque jour comme d'amis chéris qui étoient dans le voisinage. Cependant, elle ne leur survécut que d'un mois. Quant à sa tante, loin de lui reprocher ses maux, elle prioit Dieu de les lui pardonner, et d'apaiser les troubles affreux d'esprit où nous apprîmes qu'elle étoit tombée immédiatement après qu'elle eut renvoyé Virginie avec tant d'inhumanité.

Cette parente dénaturée ne porta pas loin la punition de sa dureté J'appris, par l'arrivée successive de plusieurs vaisseaux, qu'elle étoit agitée de vapeurs qui lui rendoient la vie et la mort également insupportables Tantôt, elle se reprochoit la fin prématurée de sa charmante petite-nièce, et la perte de sa mere qui s'en étoit suivie Tantôt elle s'applaudissoit d'avoir repoussé loin d'elle deux malheureuses, qui, disoit-elle, avoient déshonoré sa maison par la bas-

sesse de leurs inclinations. Quelquefois, se mettant
en fureur à la vue de ce grand nombre de misérables
dont Paris est rempli "Que n'envoie-t-on," s'é-
crioit-elle, " ces fainéans périr dans nos colonies!"
Elle ajoutoit que les idées d'humanité, de vertu, de
religion adoptées par tous les peuples, n'étoient que
des inventions de la politique de leurs princes Puis,
se jetant tout à coup dans une extrémité opposée,
elle s'abandonnoit à des terreurs superstitieuses qui la
remplissoient de frayeurs mortelles. Elle couroit
porter d'abondantes aumônes à de riches moines qui
la dirigeoient, les suppliant d'apaiser la Divinité par
le sacrifice de sa fortune, comme si des biens qu'elle
avoit refusés aux malheureux, pouvoient plaire au
père des hommes ! Souvent son imagination lui représentoit des campagnes de feu, des montagnes ardentes, où des spectres hideux erroient en l'appelant
à grands cris. Elle se jetoit aux pieds de ses direc-
teurs, et elle imaginoit contre elle-même des tortures
et des supplices ; car le ciel, le juste ciel, envoie aux
âmes cruelles des religions effroyables.

Ainsi elle passa plusieurs années tour à tour athée
et superstitieuse, ayant également en horreur la mort
et la vie. Mais ce qui acheva la fin d'une si déplorable existence, fut le sujet même auquel elle avoit
sacrifié les sentimens de la nature. Elle eut le chagrin de voir que sa fortune passeroit après elle à des

N   parens

qu'elle haïssoit. Elle chercha donc à en aliéner la meilleure partie ; mais ceux-ci, profitant des accès de vapeurs auxquels elle étoit sujette, la firent enfermer comme folle, et mettre ses biens en direction Ainsi ses richesses mêmes achevèrent sa perte, et comme elles avoient endurci le cœur de celle qui les possédoit, elles dénaturèrent de même le cœur de ceux qui les désiroient. Elle mourut donc, et ce qui est le comble du malheur, avec assez d'usage de sa raison, pour connoître qu'elle étoit dépouillée et méprisée par les mêmes personnes dont l'opinion l'avoit dirigée toute sa vie.

On a mis auprès de Virginie, au pied des mêmes roseaux, son ami Paul, et autour d'eux, leurs tendres mères et leurs fidèles serviteurs On n'a point élevé de marbres sur leurs humbles tertres, ni gravé d'inscriptions à leurs vertus. mais leur mémoire est restée ineffaçable dans le cœur de ceux qu'ils ont obligés Leurs ombres n'ont pas besoin de l'éclat qu'ils ont fui pendant leur vie, mais si elles s'intéressent encore à ce qui se passe sur la terre, sans doute elles aiment à errer sous les toits de chaume qu'habite la vertu laborieuse, à consoler la pauvreté mécontente de son sort, à nourrir dans les jeunes amans une flamme durable, le goût des biens naturels, l'amour du travail et la crainte des richesses.

La

La voix du peuple, qui se taît sur les monumens élevés à la gloire des rois, a donné à quelques part es de cette île des noms qui éterniseront la perte de Virginie On voit près de l'île d'Ambre, au milieu des écueils, un lieu appelé la *Passe du Saint Géran,* du nom de ce vaisseau qui y périt en la ramenant d'Europe L'extrémité de cette longue pointe de terre que vous apercevez à trois lieues d'ici, à demi couverte des flots de la mer, que le Saint Géran ne put doubler la veille de l'ouragan pour entrer dans le port, s'appele le *Cap Malheureux,* et voici devant nous, au bout de ce vallon, la *Baie du Tombeau,* où Virginie fut trouvée ensevelie dans le sable, comme si la mer eût voulu rapporter son corps à sa famille, et rendre les derniers devoirs à sa pudeur, sur les mêmes rivages qu'elle avoit honorés de son innocence.

Jeunes gens si tendrement unis ! mères infortunées ! chère famille ! ces bois qui vous donnoient leurs ombrages, ces fontaines qui couloient pour vous, ces côteaux où vous vous reposiez ensemble, déplorent encore votre perte Nul, depuis vous, n'a osé cultiver cette terre désolée, ni relever ces humbles cabanes. Vos chèvres sont devenues sauvages ; vos vergers sont détruits, vos oiseaux sont enfuis, et on n'entend plus que les cris des éperviers qui volent en rond au haut de ce bassin de rochers. Pour moi, depuis que je ne vous vois plus,

plus, je suis comme un ami qui n'a plus d'amis, comme un père qui a perdu ses enfans, comme un voyageur qui erre sur la terre où je suis resté seul.

En disant ces mots, ce bon vieillard s'éloigna en versant des larmes, et les miennes avoient coulé plus d'une fois pendant ce funeste récit.

F I N.

CPSIA information can be obtained at www.ICGtesting.com
Printed in the USA
LVOW051814221211

260703LV00003B/14/P